台北以外の
台湾ガイド

台北以外的台灣觀光指南書

松田義人
Songtieng Yiren

AKISHOBO

台灣的魅力是什麼？

JN142742

はじめに

　最近は空前の台湾ブームで、僕の周りでも"台湾に行ったことがない人"を探すほうが難しいほど人気の旅行先となりました。もちろん僕も大好きで、最低でも年に二回は休暇も兼ねて台湾に通っています。
　しかし、この話を人にすると、だいたい「台北でどこかお勧めの場所ない？　美味しい店とか…」と返されます。台湾にはムチャクチャ行っている僕ですが、通い始めた頃は別として、最近は台北に滞在するのは松山空港を使うときか、台北の友だちに会うための帰りの一泊くらい。最新情報はもちろん、美味しいお店もあまり知りません。
　このことから「最近の台北はあんまり知らないけど、台湾は地方も面白いよ」と言うと、たいてい「へぇ、そうなんだ…」と気の乗らなそうな返事があり、いつの間にか全然違う台湾以外の話題になっていたりします。
　確かに台北も十分楽しいし、旅しやすい場所です。しかし、主観では"台湾の本当の魅力"は、台北よりも地方にこそ濃く残っていると思います。
　入り組んだ歴史、共存する多民族それぞれの文化や慣習が息づく地方には、都会では絶対に味わえない「初めて見る」「初めて触れる」ものがたくさんあります。台北の激しい交通網からはあまり想像しにくいですが、各地には美しい自然、絶景も数多くあります。もちろん、温泉やビーチリゾートもたくさんあるので、静養やバカンスにも最適です。
　しかし、残念なことに、これら地方の情報を得る手段はこれまでかなり限られていました。こういった理由から、本書ではすでに多く出回っている台北の情報を思いきって省き、"台北以外の台湾"…つまり地方の名所ばかりを三百以上紹介することにしました。
　アクセスしにくい場所が数多くあることは否めませんが、その苦労をもってしても、"台湾の本当の魅力"を知ることができる貴重なスポットばかりです。是非、これらの地方部を巡り、あなたの目にしか映らない台湾の素顔に触れてきてください。

松田義人

もくじ

はじめに ……………… 2　よくわかる台湾 ……………… 4　レンタカーのすすめ ……………… 8

その1　新北・桃園・新竹・苗栗・台中・彰化・雲林
台北を素通りし、北西から巡るの巻 ─────── 11
新北 ……… 12　桃園 ……… 24　新竹 ……… 28　苗栗 ……… 30
台中 ……… 34　彰化 ……… 39　雲林 ……… 42
column　荷物増え過ぎ問題と台湾国内外の郵送術 ……………… 47

その2　嘉義・台南・高雄・屏東
北回帰線を越えて、熱帯を巡るの巻 ─────── 49
嘉義 ……… 50　台南 ……… 54　高雄 ……… 60　屏東 ……… 66
column　屏東駅の新駅舎と台南・大崎の地域再生 ……………… 71

その3　阿里山・玉山・南投
真ん中の山と湖を行くの巻 ─────── 73
阿里山 ……… 74　玉山 ……… 76　南投 ……… 77

その4　台東・花蓮
原住民が多く暮らす東部を行くの巻 ─────── 81
台東 ……… 82　花蓮 ……… 88
column　地図に載らない山奥に家があった！ ……………… 95

その5　澎湖・小琉球・緑島・馬祖・金門
本島から飛び出して離島を行くの巻 ─────── 97
澎湖 ……… 98　小琉球 ……… 102　緑島 ……… 104　馬祖 ……… 106
金門 ……… 110
column　たった三十分で中国へ！　金門からアモイまで行きました ……… 113
column　蘭嶼上陸の成功率は今のところ五分の一 ……………… 115

その6　宜蘭・基隆
色々巡りつつ北東に戻ってくるの巻 ─────── 117
宜蘭 ……… 118　基隆 ……… 124
column　基隆＋新北をセットで巡る二つのお勧めコース ……………… 128

その7
お買い物、お勉強、困ったときの言葉の巻 ─── 129
お買い物 ……… 130　お勉強 ……… 137　困ったときの言葉 ……… 140

おわりに ……………… 144

さらにおわりに
インデックスマップ ─────── 145

よくわかる台湾

■ 台湾の基本

①名称

台湾の正式名称は「中華民国」で、ときに「中華民国・台湾」と呼称されることもあります。

しかし、歴史的な経緯より中華人民共和国では、これを認めず、あくまでも「中華人民共和国の統治下にある『台湾省』」と主張しています。

これらのことから、台湾人がオリンピックなどの国際競技に出場する際は、チャイニーズタイペイとして出場しています。

②国旗

「中華民国」としての正式な国旗は、一八九〇年代に図案化された"青天白日満地紅旗"と呼ばれるもので、赤、青、白の配色は孫文の三民主義に基づくもの。赤は民族主義で自由、青は民権主義で正義、白は民主主義で友愛を表しています。また、太陽の光線は十二刻（永遠）を表しています。

中華民国の国旗

チャイニーズタイペイの
オリンピック委員会旗

台湾独立派の国旗

ただし、歴史や政治的な理由から、台湾人の中にはこれを国旗として認めない向きもあり、特に台湾独立派の間では、台湾の地図をモチーフにした台湾旗も提案されています。

また、台湾人がオリンピックに出場する際は、これらの事情からチャイニーズタイペイのオリンピック委員会旗である梅花旗が国旗代わりに用いられています。

③地形

総面積は三万五千九百八十平方キロメートル。日本の九州ほどの大きさで、台湾本島の南北は、最長で約三百九十四キロメートル。東西は、最長で約百四十四キロメートル。台湾本島の西が南シナ海、東が太平洋、南がバシー海峡に面しています。

本島のカタチから"さつまいも"や"木の葉"と呼ばれることもあり、特に日本統治時代は台湾出身者を"いもっこ"と、親しみを持って呼称したこともあったようです。

中央と東部には山脈があり、特に玉山（P76）は海抜三千九百五十二メートルで、最高峰を誇ります。

④気候と時差

嘉義（P50）、花蓮（P88）を通る北回帰線を境に北側が亜熱帯、南は熱帯地域となります。

明確な四季はないものの、季節ごとに気温、降水量、湿度などが大幅に異なります。

また、八月には台風が多く、秋から冬にかけても東北季風と呼ばれる風が吹くため、天候は

■台湾全土の地図

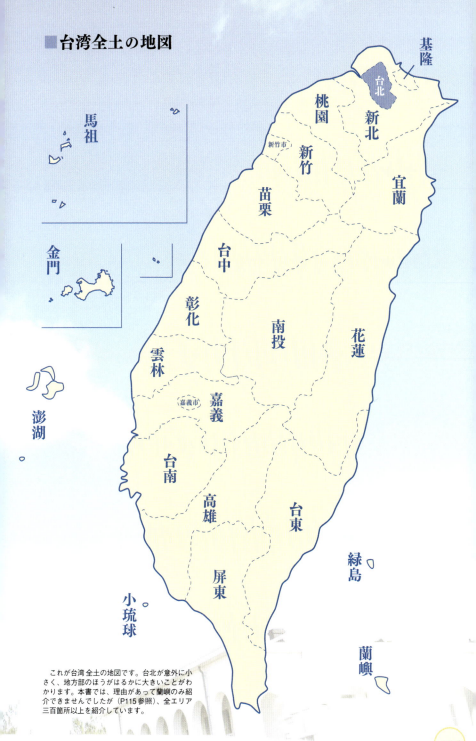

これが台湾全土の地図です。台北が意外に小さく、地方部のほうがはるかに大きいことがわかります。本書では、理由があって蘭嶼のみ紹介できませんでしたが（P115参照）、全エリア三百箇所以上を紹介しています。

大幅に荒れやすくなります。

　日本との時差はマイナス一時間（グリニッジ標準時＋八時間）。

⑤首都
　台北市。

⑥政体
　民主共和国。

⑦宗教
　道教、仏教、キリスト教など。

⑧民族
　全体の約九十八％が漢民族で、残りの約二％が台湾原住民です。

　ただし、漢民族の中にも移民した時代や背景があり、閩南人、客家人らに分かれます。また、台湾原住民も各地によってルーツや部族が異なり、政府が承認する十六民族以外にも、複数の民族があります。

⑨言語
　国語と呼ばれる公用語は北京語ですが、⑧の事情から、閩南語から派生した台湾語も多く使われています。また、客家語、各原住民語がある他、一部地域では日本語をルーツとした言語も数多く使われています。

　民族間では、双方の言語を理解できない場合もある他、老人の中には公用語にも不慣れな場合があり、MRTなどの公共交通では北京語、客家語、原住民語、英語などが続けてアナウンスされることもあります。また、各民族の言語、文化に特化したテレビ局があり、各民族の言語で放映されています。

⑩通貨と税金とレート
　台湾の通貨は「圓」「TWD」「NT＄」「新台幣」と呼ばれることもある台湾元です（ニュー台湾ドル）。発行されている硬貨は一元、五元、十元、二十元、五十元。紙幣は百元、二百元、五百元、千元、二千元。このうち、二十元硬貨、二百元札、二千元札はあまり目にする機会がありません。

　なんらかの買い物をする際の商品の価格には、おおむね日本の消費税に代わる営業税（五％）が含まれています。

　また、台湾元のレートは一ドル約三・七円前後（二〇一九年五月現在）。交換手数料なども含

一元硬貨　五元硬貨　十元硬貨　二十元硬貨　五十元硬貨

百元紙幣　　　　二百元紙幣

五百元紙幣　　　千元紙幣

二千元紙幣

めておおむね日本円の四倍で計算するとわかりやすいですが、最新レートは銀行窓口か、インターネットなどでお調べください。

■台湾を旅行する

①ビザとパスポート
　日本国民の場合は、観光目的での九十日以内での台湾滞在ならビザは不要です。九十日以上の滞在の場合は、ビザ申請が必要です。ただし、ビザを取らない滞在であっても、帰国または他諸国渡航のための予約済み航空券か乗船券の提示を求められることがあります。

　また、パスポートの残存有効期間は、台湾到着時に三ヶ月以上が必要です。

②日本からのフライト時間
　東京（羽田空港または成田空港）から、台北（松山空港または桃園空港）までのフライト時間は、直行便で約二時間半〜四時間。

③電圧、コンセントプラグ、Wi-Fi
　110V、60Hzで、日本の電化製品はそのまま使えることが多いです。ただし、パソコンやスマートフォンなどの精密機器は変圧器を使うほうが良いでしょう。コンセントプラグは日本のものと形状がほぼ同じです。

　また、日本同様、空港、大型ショッピングモール、宿泊施設、カフェなどにはフリーWi-Fiがある場所が多々ありますが、パスワードを入力

することが多いです。Wi-Fiの有無を誰かに尋ねる際は、パスワードも合わせて確認すると良いでしょう。

④ 水

台湾はおおむね衛生的ですが、水道水はそのまま飲用しないほうが無難です。必ず湯煎されたものか、ミネラルウォーターを飲むようにしてください。

⑤ 公衆トイレ

日本同様、駅、公園、ホテル、ショッピングモール、コンビニエンスストアといった施設に公衆トイレがあることが多いです。

ただし、トイレットペーパーをそのまま流すことができるトイレは近年増えつつあるもののまだ少なく、用を足した後の紙は近くにあるゴミ箱に捨てるのが一般的です。

また、トイレットペーパー自体がないトイレもあるため、紙は持参しておくほうが無難です。

⑥ 宿泊施設

ゲストハウス、B&B、民宿、旅館、ホテル、コテージなど、日本のそれとほぼ同じ種類の宿泊施設があります。

ホテルなどでは、一室料金制で人数カウントは問わない宿泊施設もありますが、ホテルごとに制約が異なるため、事前によく調べて利用するようにしましょう。

また、特に離島などでは、オフシーズン時は宿泊施設が休業していることもあります。これも事前によく調べて利用してください。

⑦ チップ

一般にチップの習慣はなく、高級レストランや大型ホテルの場合は、サービス料が付加されることが多いです。

ただし、タクシーなどで荷物が多い場合などは、チップを求められることがあります。

⑧ 安全対策

基本的に、都心部はもちろん、地方部も治安は良好です。ただし、これはどこであっても同じですが、夜間、特に女性の一人での移動は避けるほうが無難です。

また、地方部は特に医療施設に制限があるため、旅行者自身の体調管理も十分にしておくようにしましょう。

さらに、天変地異の影響を受けやすいため、目当ての目的地が閉鎖されていることもままあります。特に地方部は最新情報を念入りに調べて訪れるようにしましょう。

万一の際の言葉と、緊急連絡先はP140をご参照ください。

■台湾国内での移動

台湾国内で移動する際の交通手段は、主に下記のものがあります。

飛行機 —— 離島来訪や長距離の移動に。

フェリー —— 離島来訪の移動や海や川の散策などに。

高鉄 —— 正式名称：台湾高速鉄道。台北から高雄（P60）・左営までの西部を結ぶもの。各地に素早く移動したい際に。

台鉄 —— 正式名称：台湾鉄路、または台湾鉄道。台湾本島の各地を結ぶ在来線。各地をくまなく巡る際に。

MRT —— 台北、新北、高雄などにある"捷運"と呼ばれるメトロ。地下鉄と地上線とで結ばれ、細やかに移動することが可能。

バス —— 各地方政府の交通局が管轄するバス、中距離バス、長距離バス、定期観光バス、観光路線バスなどがあります。用途によって使い分けてください。

タクシー —— いわゆる流しのタクシー、観光タクシー、特に地方部では、未認可の白タクシーなどがあります。とりわけメーターがないタクシーの場合は、事前交渉が必須です。

レンタバイク —— 離島や観光地などでは免許がなくても借りられることもありますが、次ページのレンタカー同様の書類持参がベスト。

レンタカー —— カーナビ（GPS）を無料貸し出ししている会社が多く、長距離も楽に移動できます。ただし、ある程度の地理感、台湾独自の交通事情を事前によく把握してからの利用を。

レンタサイクル —— 都心部、各観光エリアなどで借りられます。公共のレンタサイクルがある他、ホテルなどで貸してくれる場合もあります。

いずれも旅行者ごとに異なる都合により利用する交通手段を考えるのが良いですが、特に地方を巡る際にお勧めなのはやはりレンタカーです。次ページでさらに詳しく紹介します。

レンタカーのすすめ

本書では各スポットに対し公共交通でのアクセス情報も紹介していますが、いずれも移動には制限があるため、できればレンタカーがあると便利です。ここでは台湾でのレンタカーの利用方法、台湾特有の交通事情を紹介します。

■台湾での運転の前に

①台湾での自動車の運転に必要なもの

外国での自動車の運転は、国際運転免許証が必要な場合が多いですが、台湾はジュネーブ条約に加盟していないため、国際運転免許証が通用しません。台湾での自動車の運転と、現地でレンタカーを借りる際は、下記のものが必要になります。

・パスポート
・日本国内での運転免許証
・運転免許中国語翻訳文
・クレジットカード

このうち、「運転免許中国語翻訳文」は、日本国内にあるJAF（一般社団法人日本自動車連盟）で発行してくれます。ただし、繁忙期には一週間以上かかることもあるようなので、申請は余裕をもって行ってください。

また、クレジットカードは、レンタカーを借りる際、後述する交通違反などのデポジットに必要です。必ず持参してください。

②インターネットでレンタカーを予約する

台湾の各レンタカー会社に、直接出向いて借りられることもありますが、事前に予約しておくほうが良いでしょう。

最も楽な予約方法は、レンタカーズ・ドット・コム（www.rentalcars.com）で、日本語で現地のピックアップ、返却の日時を設定できる上、料金比較もしやすく便利です。ただし、システム上、オプション付加などには問題もあるようです。同サイトを利用する際は、実車の予約のみとし、保険やオプションなどの手続きは現地のレンタカー会社で行うほうが無難です。

なお、台湾のレンタカー会社は、格上祖車、和運祖車ほか複数の企業があり、台湾各地に営業所があります。追加料金はかかりますが、借りた営業所ではない場所での、ワンウェイ（乗り捨て）もできますので、地方を巡った後、帰りの空港付近の営業所で、レンタカーを返却し、そのまま帰国することもできます。

③レンタカー会社の営業所でピックアップ

あらかじめ予約したレンタカー会社の営業所に、直接ピックアップに出向きます。この際、①の必要書類を忘れずにご持参ください。

なお、②で指摘した保険加入や、カーナビ（GPS）などのオプションは、ここで直接交渉すると良いでしょう。

また、日本でのレンタカー同様、自動車を借りる際には、その車両の状態を係の人と一緒にチェックします。少しでも気になる傷があれば、臆せず指摘してください。

さらに、借りる際のガソリンの量も合わせて確認します。台湾のレンタカーは「借りた際のガソリン量と同じ状態での返却」が基本です。車両の傷などのチェックと合わせて、ガソリンの量も書類に書き込まれますので、係の人と一緒にチェックしましょう。

④レンタカー会社の営業所へ返却

あらかじめ指定した日時に、レンタカー会社の営業所に自動車を返却します。この際、レンタカー会社によっては、返却時刻よりも早い返却の場合、多少の値引きをしてくれることもあります。逆に遅延した場合は、当然のことながら必ず遅延料金を取られます。

なお、返却の際、③同様に車両の状態を係の人とチェックします。書類に書かれた傷以外の損傷がないかを見て、何もなければそのまま。損傷があれば、修理にかかる金額などをクレジットカードで弁償することになります。

■台湾での運転の注意点

①ガソリンの種類

ガソリンは、中文で"加油"と言い、ガソリンスタンドは"加油站"と言います。ガソリンの種類は98＝ハイオク、95＝欧米基準のレギュ

ラー、92＝レギュラー、柴油＝ディーゼルとありますが、レンタカー会社からは「95を入れること」と指定があるので、きちんと守って入れるようにしましょう。

また、本書で紹介した山岳地などはガソリンスタンドが少ないです。こういった場所を訪れる際は、事前にガソリンを入れておいてください。

ガソリンスタンド

ガソリンの種類

②台湾の交通ルールと運転習慣

日本と違うのは「右側通行」、「信号で、右左折の青のサインが出てなくても、進行方向が青であれば、右左折方向の交差点まで進まないと怒られる」くらいで、さほど大差はありません。

ただし、台湾特有の交通意識・慣習などがあるので、意識するようにしましょう。自動車、バイクともに特に割り込みや追い抜きが多いため、右左折や車線変更をする際は死角をしっかり目視し、ゆっくりと行うようにしてください。

③台湾の駐車場

台湾の駐車場は"停車場"と言います。使い方はほぼ日本と同じですので、特に困ることはないでしょう。

また、ナンバー自動識別式の駐車場は、受け取りチケットやコインなどはなく、退出時に支払機で自分の自動車のナンバーを打ち込み、支払う仕組みです。慣れないと戸惑いますが、台湾人の真似をして支払うと良いでしょう。

さらに、都心部には、国が管轄する路上パーキングもあります。駐車した後、定期的に巡回する監視員がワイパーなどに伝票を挟んでいくので、利用後、その伝票を持ってコンビニなどに行き、指定の金額を払う仕組みです。

自動識別式の支払い機

④台湾の一般道

台湾の一般道で最も運転が難しいのが都心部です。自動車、バイクともに交通量が多いことと、右左折禁止の道路が多く、右折すべき道を一本間違えると、かなり遠回りしなければいけないこともあります。道に迷うことをあらかじめ想定して、余裕を持った移動を心がけてください。

⑤台湾の山道

台湾の山道はカーブが続くことが多く、追い抜きがよくあるため一般道以上の安全運転を心がけてください。

山岳部の道路

また、天変地異の影響も受けやすく、道路自体がなくなっていたり、壊れた道路の工事のため、朝夕の限られた時間しか通ることができなくなる場合があります。山道を運転する予定を組む場合は、インターネットや宿泊先の人などに現況を聞いてから行くと良いでしょう。

⑥台湾の高速道路

特に台湾北部から西側は高速道路が充実しており便利です。さらに、台湾では運行を認められた全ての車両に衛星ETCが付けられているため、高速道路には料金所がありません。高速道路の利用料金はレンタカー返却時に、まとめて支払う仕組みです。

高速道路の所要時間表示

また、かなり充実している台湾の高速道路ですが、特に休日は渋滞することも多いです。余裕をもって移動するようにしましょう。

⑦台湾での交通違反

台湾は飲酒運転に対しての罰則が厳しく、日中であっても抜き打ちで飲酒検査をすることがあります。飲酒運転は絶対にしないでください。

無数にあるオービス

また、台湾は日本以上にオービス（自動速度違反取り締まり装置）が多いです。見通しの良い道路であっても、法定速度は必ず守るようにしましょう。なお、速度オーバーの場合は、後日レンタカー会社に違反キップと証拠写真が届きます。前述のデポジットのためのクレジットカードから自動引き落としされる仕組みです。

⑧万一の事故の際は

台湾での万一の事故の際は人名救助を最優先に行動してください。また、車両をなるべく動かさず、110番（警察）、119番（救急）などに連絡し、その後、借りているレンタカー会社にも必ず連絡してください。P141では「事故が起きたときの言葉」を紹介していますのでご参照ください。

［本書について］

■本書では、台湾で使われている公用語である北京語のことを、"中文"という言葉で表しています。
■本書では、台湾の先住民族に対し、現地の呼称に従い、"原住民"として表しています。
■本書で紹介する各スポットの名称は、台湾での繁体字での漢字に対し、できる限り日本での常用漢字に転じています。
■ただし、各アクセス部は、現地の名称を優先しています。このことから、紹介スポットと解説に対し、アクセス部の漢字に違いが出ている場合があります。
■本書のデータは、二〇一七年五月～二〇一九年三月までに、取材調査をした情報を記載しています。各交通機関の路線、道路、店舗情報などは変更されることがありますので、アクセスされる際は、最新情報をご確認ください。
■各地へのアクセスの所要時間は、あくまでも目安であり、気候や時期によって大幅に変わることがあります。
■各スポットの読み方は、中文をローマ字表記したものを併記していますので、ご参考にしてください。
■P145～159の「台北以外のインデックスマップ」はあくまでも位置関係を知るための目安としており、詳細な地図ではありません。
■本書掲載の各スポットは、あくまでも著者による選別ですので、その情報やアドバイスが読者の方の状況や立場に適しているかは、全てご自身でご判断ください。
■ガイドページ最下段には、「台湾あるある」を掲載しています。これは台湾の慣習または数多くの台湾人の素顔を著者が見つめたものであり、差別や揶揄するものではなく敬愛や親しみを持って表現しています。

その1

台北を素通りし、北西から巡るの巻

新北・桃園・新竹・苗栗・台中・彰化・雲林

だいたいの旅行者は日本から台湾にアクセスする際、桃園空港か松山空港に最初に入りますが、台北を素通りする場合は、反時計周りに、まず北西部から巡っていくほうが良いでしょう。何故なら、北西部は比較的開けており、まだ台湾の空気に慣れていない頃だとしても気を張ることなく移動できるからです。

逆に、時計回りで移動していく場合、新北や宜蘭から東部を目指すことになりますが、東部は最も深い原住民の魅力、息づかいを感じられる地域でもあります。そういう場所は後半にとっておき、やはり比較的交通網に限りがあるため難易度が高い地域です。また、行程が読みやすい北西部から巡るほうがベターでしょう。

もちろん北西部にも各地の歴史を感じる名所、自然の魅力が詰まったスポットが沢山あります。ここから少しずつ南下し空気を感じていくと、台北では味わえない各地の表情と、その違いもはっきり見えてくるはずです。

新北

| Xinbei |

二〇一〇年より、中央政府である行政院が直轄する都市になった新北。台北を囲むようなエリアなので同じ市内でも北の淡水と南の烏来では、場所だけでなく風土も全く異なります。旅行者にとっては"新北を目指す"というより、新北市内の各地域を目指して散策することになるはずです。

● アクセス：行政上の中心地は、「石碇区」だが、台北の四方を囲むような地域のため、各スポットごとにアクセス術は大幅に異なり、「新北を目指す」というよりも各所をピンポイントで目指して移動することになる。ここで紹介する各所へは、おおむね台北MRT、台鉄、高鉄（新幹線）、バスなどを利用しアクセスする。

新北の移動術
台北に隣接する地域以外は自力移動ができる手段があると◎

新北は、台北人たちにとっての行楽地が点在していることもあり、各所には公共交通でもスムーズにアクセスできるはずです。特に台北に隣接するエリアは、台北からのMRTが直結しているところも多く、まず不便はないでしょう。

しかし、特に北海岸エリアや、東北角という北東部の海岸線は、バスなどの本数も限られてくる上、自然風景を楽しめる場所が多いため、レンタバイクやレンタカーで巡れば、同じ時間内でより多くの名所を巡ることができます。この界隈は交通量が少なく運転しやすいエリアなので、是非挑戦してみてください。

あるある　空気で膨らます仕組みの装飾が多い。

新北

三貂角燈塔
| Sandiaojiao Dengta |
【Map (P147) ／F＋2】
- 住所：新北市貢寮區福連村馬崗街38號
- アクセス：「台北駅」バスターミナルより、国光客運のバス・1811番「羅東転運站」行きに乗り「馬崗」下車。または、台鉄「福隆駅」で下車し、国光客運バス・1811番「羅東転運站」行きに乗り「馬崗」下車、徒歩約三十分。

台湾最東端となる灯台は
東北角海岸散策とセットでの来訪を

　一九三一年建造の台湾の最東端の灯台で、太平洋を通過する船にとって重要な指標になっています。灯台の中では、灯台と界隈の歴史を物語る資料や写真展示もあるので是非見学を。

　ただし、界隈は灯台以外特に何もない地域。東北角全体の散策と合わせての来訪がベスト。

福隆海水浴場
| Fulong Haishui Yuchang |
【Map (P147) ／E＋2】
- 住所：新北市貢寮區福隆街40號
- アクセス：台鉄「福隆駅」より、徒歩約十分。または、台鉄「瑞芳駅」より台湾好行のバス・856番〈黄金福隆線〉「福隆遊客中心」行きで約一時間十分、終点の「福隆遊客中心」下車、徒歩約十分。

東北角エリアの代表的海岸で
海水浴＋ビーチアクティビティを

　台北には海岸がないですが、台湾全体を見渡せば海水浴ができる綺麗な海岸が複数あります。特に新北で人気なのがここ福隆海水浴場です。

　雙溪河口の海岸エリアで、夏場はビーチアクティビティ目当ての行楽客で賑わいます。宿泊施設も数軒あるので、泊まって遊ぶのも良いでしょう。

双渓老街
| Shuangxi Laojie |
【Map (P147) ／E＋2】
- 住所：新北市雙溪區長安街15號
- アクセス：台鉄「台北駅」より、自強号か莒光号（いずれも特急）で約一時間十五分～一時間三十分の「雙溪駅」下車、徒歩約十分。または、タクシーで約五分。遺跡や林益和堂漢方薬局は、長安街周辺に点在している。

静かで小さな老街に名所が点在
清朝時代から続く漢方薬店も

　福隆から西のエリアにある双渓の老街。小さな町ですが、三忠廟、天帝教天溪堂、東和戲院遺址など、日本統治時代から続く住宅があります。

　また、界隈にある林益和堂漢方薬局は、清朝時代から続く名物の漢方薬店で、お店がレトロでかわいいです。マストで見学してください。

南雅奇石
| Nanyaqishi |
【Map (P147) ／E＋2】
- 住所：新北市瑞芳區南雅里濱海公路
- アクセス：「台北駅」バスターミナルより、国光客運のバス・1811番「羅東転運站」行きで約一時間二十分「南雅」下車、徒歩約八分。または、台鉄「瑞芳駅」より、基隆客運バス・886番「福隆遊客中心」行きで「南雅南宮」下車。徒歩約十分。

東北角のシンボリックなエリア
自然が生んだ不規則な奇岩

　東北角のシンボリックな風景で、台湾屈指の奇岩が点在することで有名なエリア。塩と海岸からの風に侵食された奇岩の数々は不規則で、珍しい景色を生み出しています。

　場所によって、奇岩の上に立つこともできますが、足下はかなり悪いのでご注意を。

あるある　警察官、駅員の帽子がややデカい。

金瓜石
| Jinguashi |

【Map (P147) ／E＋2】

- 住所：新北市瑞芳區金瓜石
- アクセス：台北MRT「西門駅」または「北門駅」より、台北客運のバス・965番＜板橋－金瓜石＞「金瓜石」行きで約一時間三十分の「金瓜石（黃金博物館）」下車すぐ。または、台鉄「瑞芳駅」からのバスもある。

台湾版ゴールドラッシュの町には
今もなお鉱水が流れ続ける

　一八九〇年に発見された金鉱山で、一攫千金を夢見る人々が多く移り住んだエリア。日本統治時代は規制が入りつつも、さらに栄えました。

　地域には今もその名残りを感じさせる名所が点在していますが、特に鉱水が流れ続ける黄金瀑布は必見。幻想的な景色を生み出しています。

金瓜石黃金博物館
| Jinguashi Huangjin Bowuguan |

【Map (P147) ／E＋2】

- 住所：新北市瑞芳區金瓜石金光路8號
- アクセス：台北MRT「西門駅」または「北門駅」より、台北客運のバス・965番＜板橋－金瓜石＞「金瓜石」行きで約一時間三十分の「金瓜石（黃金博物館）」下車すぐ。または、台鉄「瑞芳駅」からのバスもある。

金瓜石の歴史を伝承する施設の中には
日本統治時代の神社跡も

　かつて栄えた金瓜石とその歴史を伝承する施設。広大な敷地内にはいわゆる博物館だけでなく坑道体験施設、日本式宿舎などがある他、敷地内の山には日本統治時代の神社跡もあります。

　また、金瓜石を象徴する物として、世界最大級の二百二十キロの巨大な金塊も展示されています。

九份
| Jiufen |

【Map (P147) ／E＋2】

- 住所：新北市瑞芳區
- アクセス：台北MRT「西門駅」または、「北門駅」より、台北客運のバス・965番＜板橋－金瓜石＞の、「金瓜石」行きで約一時間二十分の「九份老街」下車すぐ。または、台鉄「瑞芳駅」より、台湾好行のバス・856番＜黃金福隆線＞「福隆遊客中心」行きで約十五分の「九份」下車すぐ。

言わずと知れた
来訪必須の観光名所

　金瓜石のゴールドラッシュと合わせて発展した山間の町。最盛期を迎えた日本統治時代の景観が今も残っていることから、北部屈指の観光名所になったことはご存知の通り。

　ただし、特に休日は観光客でゴッタ返す上、界隈は狭く入り組んでおり、特に夏場はだいぶ蒸します。このことから散策は意外とハードですので、時間、体力ともに余裕を持っての来訪がベターです。

さっき見かけた日本人観光客を、別の場所でもまた見かける。

新北

十分老街
| Shifen Laojie |

【Map（P147）／D+2】

●住所：新北市平溪区十分老街
●アクセス：台鉄「台北駅」より、太魯閣号または普悠瑪号（いずれも特急）で三十五分、区間車（各駅停車）で約五十分の台鉄「瑞芳駅」へ。「瑞芳駅」で平溪線に乗り換え、約三十分の「十分駅」下車すぐ。または、台鉄「瑞芳駅」よりタクシーで約三十五分。

願いごとを書いたランタンを飛ばす
北部屈指の観光名所

　元は静かな山間の町でしたが、地元の人がランタン飛ばしを始めたところ、観光客に大人気となり、九份と並ぶ北部屈指の観光名所となった老街。

　平溪線の線路の両脇に商店が並び、電車が通らない時間帯に線路からランタンを飛ばすことができます。電車が通るときはくれぐれもご注意を。

十分瀑布
| Shifen Pubu |

【Map（P147）／D+2】

●住所：新北市平溪區乾坑10號
●アクセス：台北MRT「木柵駅」より、台湾好行のバス・795番＜木柵平溪線＞「十分」行きで約一時間半、終点の「十分遊客中心（十分瀑布）」下車、徒歩約十五分。または、台鉄「十分駅」よりタクシーで約五分。

"台湾のナイアガラ"と呼ばれる
半円形の滝

　十分駅と大華駅のほぼ中間にある基隆河沿いの半円形の滝。そのダイナミックな景観から"台湾のナイアガラ"とも称され、日差しが良い日には虹が発生することもあります。

　休日はかなり混在しますので平日、十分老街とセットでの来訪をお勧めします。

平溪
| Pingxi |

【Map（P147）／D+2】

●住所：新北市平溪区平溪里
●アクセス：台鉄「台北駅」より、太魯閣号か普悠瑪号（いずれも特急）で三十五分、区間車（各駅停車）で約五十分の「瑞芳駅」で平溪線に乗り換え、約四十分の「平溪駅」下車。

日本統治時代からの面影が
色濃く残るローカルな町

　炭坑開発に伴って敷設された鉄道が、後に一般向けとなった平溪線。車窓から望める山間と町並みが旅行者に人気です。

　ここ平溪は、平溪線の代表的な町。日本統治時代からの面影が色濃く残ります。老街の散策と併せて、防空壕なども見学してみると良いでしょう。

菁桐
| Jingtong |

【Map（P147）／D+2】

●住所：新北市平溪區菁桐里
●アクセス：台北MRT「木柵駅」より、台湾好行のバス・795番＜木柵平溪線＞「十分」行きで約一時間の「菁桐坑（菁桐老街）」下車すぐ。

木造駅舎の見学と
願いごとを書く竹筒が名物

　平溪線の終着駅、菁桐。台湾には今なお現役の日本式の木造駅舎を持つ駅が各地にありますが、菁桐駅もそのうちの一つ。

　界隈は日本統治時代からの住宅などがある他、竹筒に願いごとを書きブラ下げる許願筒も名物。特に安産祈願に効果があると台湾人の間で人気があります。

石碇老街・石碇西街
| Shiding Laojie / Shiding Xijie |

【Map（P147）／D+2】

●住所：新北市石碇区石碇東街／新北市石碇區石碇西街
●アクセス：台北MRT「木柵駅」より、欣欣客運のバス・666番「烏塗窟」行き、または「華梵大學」行きで約三十分の「石碇」下車、徒歩約七分。

染色で栄えた町にある
二つの老街

　水が綺麗で、古くから染色やお茶の貿易で栄えた小さな町、石碇。

　商店が軒を連ねる、やや賑やかな石碇老街に対し、西側にある石碇西街は、静かではあるものの前述の産業が最初にスタートしたエリア。見比べながら散策してみると良いでしょう。

台湾あるある　シュリンクが商品と密着し過ぎていて取りづらい。

象鼻洞

| Siangbi Dong |

【Map（P147）／E＋2】

● 住所：新北市瑞芳區蕃子澳
● アクセス：台鉄「基隆駅」より、台湾好行のバス・T99番＜龍宮尋寶（東岸）線＞「瑞芳駅」行きで約五十分の「深澳漁港」下車、徒歩約十五分。または、台鉄「瑞芳駅」より、タクシーで約十分。

象のカタチをした
アーチ状の天然橋

　別名：象鼻岩。地元ではつとに知られた奇岩ですが、近年SNSやブロガーたちによって広く紹介されるようになった絶景ポイントです。

　アーチ状にできた天然の橋ですが、そのカタチが"象に似ている"ということでこの名になりましたが、写真で見るよりも実物はかなり大きくダイナミックです。是非写真を撮ってみてください。

　また、近隣の深澳漁港エリアには新鮮な海鮮食堂もあるので、是非ここでの食事もセットで。

翡翠湾

| Feicui Wan |

【Map（P147）／D＋1】

● 住所：新北市萬里區翡翠路1-1號
● アクセス：「台北駅」バスターミナルより、国光客運のバス・1815番「金山青年活動中心」行きで約一時間の「翡翠湾」下車すぐ。または、台鉄「基隆駅」より、台湾好行のバス・T99番＜龍宮尋寶（西岸）線＞で同停留所下車すぐ。

アクティビティ満載！
ホテル併設の美しい海岸

　台湾各地にある福華大飯店系列のホテルが併設された海岸で、海水浴はもちろん、水上バイクやバナナボートなどのビーチアクティビティが楽しめるエリア。また、写真のようなパラグライディングも人気で、近くには熱気流飛行傘倶楽部などの専門店もありますので、事前に問い合わせの上、是非挑戦を。

　ただし、界隈は天候の影響をモロに受けやすい地域。決めウチでの来訪は避け、天気の良い日に限って行ってみてください。

あるある　ラッピングバスの広告の女優の顔に、部品が来てしまい鼻毛に見えることがある。

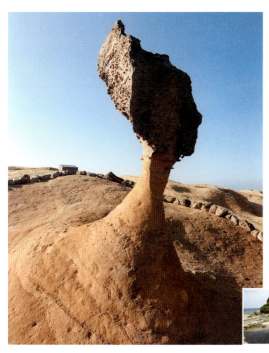

野柳地質公園

| Yeliu Dizhi Gongyuan |

【Map（P147）／D＋1】

- 住所：新北市萬里區野柳里港東路167-1號
- アクセス：「台北駅」バスターミナルより、国光客運のバス・1815番「金山青年活動中心」行きで約一時間十五分の「野柳」下車、徒歩約十分。または、台鉄「基隆駅」からのバスもある。

奇岩だらけの岬の公園
女王頭は必須で見学を

　翡翠湾のすぐ隣の岬にある公園でかなり有名な観光名所。

　公園入口から岬までは約一・七キロですが、この間にキノコ岩、アイスクリーム岩、生姜岩など、見た目によって名付けられた奇岩があります。中でも写真の女王頭は、観光ポスターにもよく使われるもの。必須で見学をしてみてください。

　園内の遊歩道は整備された場所とそうでない場所があるので、歩きやすい靴での来訪を。

新北

金山老街

| Jinshan Laojie |

【Map（P146）／C＋1】

- 住所：新北市金山區金包里街
- アクセス：「台北駅」バスターミナルより、国光客運のバス・1815番「金山青年活動中心」行きで、約一時間半の「金山區公所」下車すぐ。または、台北MRT「淡水駅」より台湾好行のバス・862番「龜吼漁港」行きで約一時間の「金山（老街）」下車すぐ。

廟の機能より鴨肉料理のほうが人気
三百年以上の歴史を持つ老街

　別名：金包里老街。金山エリアの中枢的な老街で、三百年以上の歴史があるそうです。

　中心にある廣安宮は、廟よりも鴨肉料理が有名で、ここで料理を買い隣接する食堂エリアに持っていき食べます。このことから、老街内にはお皿を持ってウロウロしている人が沢山います。

金山温泉

| Jinshan Wenquan |

【Map（P146）／C＋1】

- 住所：新北市金山區民生路196號（舊金山総督温泉）
- アクセス：【舊金山総督温泉へ】台北MRT「淡水駅」より、台湾好行のバス・862番「皇冠北海岸線」「龜吼漁港」行きで、約一時間半の「金山遊客中心（獅頭山公園）」下車、徒歩約十分。この他、金山温泉はエリア内に点在している。

有名な舊金山総督温泉の他に
マニアックな公共浴場も

　大屯山（P20）の火山群に属し、施設により様々な泉質を楽しめる温泉街。最も有名な舊金山総督温泉は衛生的で設備も十分です。

　一方、マニアックな方へのお勧めは舊金山総督温泉の向かいの豊漁社区温泉浴室。男女別の公共浴室で地元の人と会話しながらお湯に浸かれます。

あるある　肩がやたらとイカった女の子が歩いている。

新乾華十八王公廟

| Xin Qianhua Shibawanggong Miao |
【Map (P146) ／C＋1】
●住所：新北市石門區茂林村坪林52號
●アクセス：台北MRT「淡水駅」より、淡水客運バス862、863番「金山」行きで、約四十分の「乾華」下車。目の前の海岸と逆側の山間の道を登っていき、徒歩約四十分。

十七人と犬を鎮魂する廟に巨大な犬が…

"十七人の海岸遭難者と、彼らを忠実に思い続けた一匹の犬"が祀られている廟。彼らの霊をしずめるためと、海岸地域の平安を願い続けるために今も多くの礼拝者が訪れます。

ただし、ここでの注目はやはり巨大過ぎる犬の像。一九九四年、百五十トン以上の高級銅を用いて完成したもので、なんと内部に入ることもできます。当初の鎮魂の意味が過剰に具現化されたことに加え、犬の首の赤い蝶ネクタイも、やはり台湾らしく、かわいいです。

老梅綠石槽

| Laomei Lu Shicao |
【Map (P146) ／C＋1】
●住所：新北市石門區老梅社區
●アクセス：台北MRT「淡水駅」より、台湾好行のバス・862番《皇冠北海岸線》「龜吼漁港」行きで約四十分の「富貴角燈塔（老梅綠石槽）」下車、徒歩約十分。または、台北MRT「淡水駅」より、タクシーで約四十五分。

絶景ポイントの来訪は四月から五月の藻が生える時期に

海岸の岩が波で削られ硬い部分だけが残った石槽。特に四月から五月には、この石槽の上に緑豊かな藻が生え、独特の景観を生むことで絶景地として知られるようになりました。

特に明け方と夕方には海面の水が反射することで写真映えする絶景を生み出します。

富基漁港

| Fuji Yugang |
【Map (P146) ／C＋1】
●住所：新北市石門區富基里
●アクセス：台北MRT「淡水駅」より、淡水客運バス862番「基隆」行き、または淡水客運バス・863番「金山」行きに乗り約四十五分の「富基漁港」下車、徒歩約十分。または、台北MRT「淡水駅」より、タクシーで約四十五分。

ラテン帽が立ち並ぶキッチュな漁港近隣の食堂で新鮮な海鮮料理を

スペイン人建築家のアイディアに基づき、ラテン帽風の建築となった漁港。キッチュな景観で、台湾の珍景好きの間では名所としても有名です。

漁港内の市場で、魚介類を購入し、界隈の食堂などで調理してもらって食べるのが台湾流。是非真似してみてください。

発育が良過ぎて、異常にデカい小学生がいる。

金剛宮
| Jinganggong |

【Map（P146）／C＋1】
- 住所：新北市石門區玦子脚41-3號
- アクセス：台北MRT「淡水駅」より、台湾好行のバス・862番＜皇冠北海岸線＞「龜吼漁港」行きで約四十分の「新十八王公（石門婚紗廣場）」下車、徒歩約五分。または、台北MRT「淡水駅」より、タクシーで約四十五分。

無数の仏像が祀られる
台湾屈指の不思議な廟

主祭神は四面仏で、宗旨は博愛に満ちた極めて精神性の高いものですが、巨大な涅槃仏を筆頭に見た目がキッチュな仏像が無数にあることで珍景好きの間ではつとに有名な廟。

廟内はかなり広く、じっくり見学するなら二時間は見ておきたいところです。

白沙湾
| Baishawan |

【Map（P146）／C＋1】
- 住所：新北市石山區德茂里下員坑
- アクセス：台北MRT「淡水駅」より、台湾好行のバス・862番＜皇冠北海岸線＞「龜吼漁港」行きで約三十五分の「北觀風景區管理處（白沙灣）」下車、徒歩約五分。または、「淡水駅」より、タクシーで約三十分。

"台湾の江ノ島"的な庶民的海水浴場
全部無料な分、天候の良い日は混雑も

鱗山鼻と富貴角という二つの岬の間にある海岸で、夏場は多くの若者が訪れます。言わば"台湾の江ノ島"のような場所ですが、波が穏やかなので小さなお子さん連れにもお勧めです。

海岸はもちろん無料で、シャワーも無料ですが、天候の良い日は混雑するので、そこだけは覚悟を。

富福頂山寺
| Fufudingshan Si |

【Map（P146）／C＋1】
- 住所：新北市三芝區圓山里二坪頂69號
- アクセス：台北MRT「淡水駅」より、淡水客運のバス・860番「三芝」行きで約四十五分の「三芝」下車。「三芝一號倉庫」より新北市のバス・F132番＜八賢線＞「二號倉庫」行きに乗り換え、約三十五分の「二坪頂」下車、徒歩約三分。

六万以上のサンゴと貝殻の装飾を持つ
竜宮城のような寺院

別名：貝殻廟、羅漢洞。ある信者が台湾と東南アジアの様々な地域でサンゴと貝殻を次々に購入し、それらを使った装飾を施し完成させた寺院。

院内は竜宮城の中にいるような錯覚に陥るほどですが、細部まで装飾がこだわられており、製作者の信仰と強いこだわりを感じることができます。

三芝田心子
| Sanzhi Tianxinzi |

【Map（P146）／B＋1】
- 住所：新北市三芝區興華里奎柔山路
- アクセス：台北MRT「淡水駅」より、新北市のバス・F105返番「淡水」行きで約二十五分、または、淡水客運のバス・871番「行忠堂」行きで約四十分の「椿子林」下車、徒歩約十分。または、台北MRT「淡水駅」より、タクシーで約二十分。

淡水郊外の隠れた秘境
水面に映る景色はまるで鏡のよう

淡水郊外の隠れた秘境として注目を浴びるエリア。もともとは耕作に不向きな湿地帯だったようですが、その水面に映る景色が美しいと評判になり、写真家の間で人気になりました。

特に日の出や日の入りは反射が綺麗なので、インスタ映えを目指す方は是非行ってみてください。

あるある　薄味の料理が大半だが、屋台では急に油っこかったり、辛過ぎたりする極端な料理がある。

無極天元宮

| Wuji Tianyuangong |

【Map（P146）／B＋1】

●住所：新北市淡水區水源里北新路三段36號
●アクセス：台北MRT「淡水駅」より、淡水客運のバス・875番「北新莊」行きに乗り、約一時間の「天元宮」下車すぐ。または、「淡水駅」より、タクシーで約五十分。

円形の廟の中には様々な神様が…

　一九七一年に建造された、大屯山の裾野にある廟。

　一九九二年に完成した"天壇"という円形の建物は高さ約六十メートルの五階建て。各フロアには様々な神が祀られていますが、中には「どうして…」と思えるものもあります。ただし、本来は五穀豊穣を祈願する廟なので真面目な見学を。

　また、春先には界隈に桜が咲くことからお花見スポットとしてもよく知られており、淡水界隈の観光名所の一つにもなっています。

大屯山

| Datun Shan |

【Map（P146）／C＋1】

●住所：新北市興華里車埕53-2號
●アクセス：「台北駅」バスターミナルより、大都會客運バス・260番「陽明山」行きに乗り、約一時間の「陽明山總站」下車すぐ。または、台北MRT「淡水駅」より、タクシーで約三十分。

淡水の東にそびえる活火山

　台北と新北とをまたぐ陽明山国家公園にある標高千九十三メートルの山。活火山であるため、頂上付近にはいくつかの硫気孔もあります。

　頂上までの道のりは意外と険しく、登山道が整備されていないエリアではロープをつたって登らないといけない場所もあります。万一に備え一人での登山を避け、必ず複数でトライするようにしてください。

　ただし、頂上から望む淡水一帯の景色は格別で朝日、夕焼け、夜景ともに美しいです。

テレビの天気予報で、ちょうちょうやカモメが不必要にあしらわれている。

漁人碼頭
| Yuren Matou |

【Map (P146) ／B＋1】

● 住所：新北市淡水區觀海路199號
● アクセス：台北 MRT「淡水駅」より、指南客運のバス・紅23番、または、指南客運のバス・紅26番「漁人碼頭」行きで約二十分、終点の「漁人碼頭」下車すぐ。または、「淡水駅」よりタクシーで約十分。

夕焼けが美しい北部の名所の一つ 情人橋では夜間のライトアップも

淡水の漁人碼頭は、夕焼けが美しいことでよく知られた名所であり、特に夕方から夜にかけては多くの行楽客が訪れます。

また、漁人碼頭のシンボル、情人橋は夜間にライトアップされます。光が川面に反射し、自然だけでない、独特の美しさを持つ景色も見られます。

紅毛城
| Hongmao Cheng |

【Map (P146) ／B＋1】

● 住所：新北市淡水區中正路28巷1號
● アクセス：台北 MRT「淡水駅」より指南客運のバス・紅26番「漁人碼頭」行きで、約八分の「紅毛城（真理大學）」下車すぐ。または、「淡水駅」より徒歩で約二十分。または、「淡水駅」より、タクシーで約十分。

台湾の歴史を語る上で避けられない 淡水にある古跡

一六二六年、スペイン人が建設したセント・ドミニカ城が起源。後にオランダ人がスペイン人を駆逐し、城を改築。アントニー要塞と命名しました。以降、イギリス領事館に使用された他、アメリカやオーストラリアが管理した時代も。淡水における、世界の交流史の舞台となった城です。

淡水老街
| Danshui Laojie |

【Map (P146) ／B＋1】

● 住所：新北市淡水區中正路
● アクセス：台北 MRT「淡水駅」より、徒歩約十分。または、「淡水駅」より、指南客運バス・紅26番「漁人碼頭」行きで約五分の「重建街口」下車、徒歩約五分。

淡水ならではの風を感じる 独特の老街

MRT淡水駅より川沿いを西に行ったエリアにある老街。川沿いの外側、内側に分かれていますが、いずれも"老街感"は薄く俗化している感じは否めません。しかし、川から商店街へと流れる独特の風が心地良く、他所にはない淡水ならではの空気が満ちあふれています。

界隈では淡水名物の阿給、鐵蛋などが食べられる店がある他、海鮮料理店、スイーツ店も多いです。上の漁人碼頭で夕焼けを眺めた後、付近の散策と併せて夕飯を取るのも良さそうです。

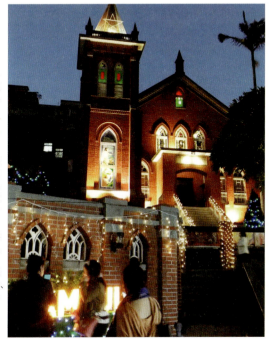

台湾元の百元が、一瞬日本円の百円のような気がして安く感じるが、実際は四倍だ。

八里左岸
| Bali Zuoan |

【Map (P146) ／B＋1】
- 住所：新北市八里區観海大道
- アクセス：台北MRT「關渡駅」より、淡水客運のバス・紅22番「八里」行きで約十五分の「渡船頭」下車すぐ。または、「淡水フェリー乗り場」より、藍色公路のフェリー「八里渡船頭」行きで約十分。

淡水の対岸にある
自然溢れるスポット

　淡水のほぼ対岸にある河口で、かつては漁港、貿易港として栄えた地域ですが、現在は観光名所としての役割のほうが際立つようになりました。
　界隈には全長約四キロの自転車道やマングローブ生態保護区などもある他、特に秋から冬にかけては渡り鳥が行き交うのでバードウォッチングを楽しむこともできます。
　近年はオシャレなカフェも増え、デートスポットとしても支持されるエリア。アクセスもしやすいので行ってみてください。

南雅夜市
| Nanya Yeshi |

【Map (P146) ／B＋2】
- 住所：新北市板橋區南雅東路
- アクセス：台北MRT「府中駅」下車。駅前の縣民大道を南西に行き、百メートルほど先にある南雅東路を右折してすぐ。徒歩約十分。または、台鉄「板橋駅」より、タクシーで約十分。

日本人観光客はまず見かけない
B級グルメ満載のローカルな夜市

　台北の隣なのに急に下町感が溢れる板橋の夜市。日本では無名ですが、他の夜市では食べられないものも多く意外と穴場です。
　台湾人の間では割と知られた微淇甜蜜屋というスイーツ店のパンケーキタワーは見た目もかわいく、味も美味しいので、お勧めです。

林本源園邸
| Linbenyuanyuan Di |

【Map (P146) ／B＋2】
- 住所：新北市板橋區西門街9號
- アクセス：台北MRT「府中駅」下車、徒歩約十分。または、台北MRT「板橋駅」下車、徒歩約十五分。または、台北MRT「龍山寺駅」から、台北客運バス・264、701、702番に乗り、約二十分の「林家花園」下車、徒歩約三分。

五代豪族の一つが建てた
美しい園邸でタイムスリップ！

　伝統的な住宅や庭園は地方部にあることが多いですが、台北からもアクセスしやすい板橋に台湾五大豪族の一つ、林本源が建てた中国・蘇州にルーツを持つ豪華な園邸があります。
　日本語ボランティアの方がいることがあるので、見かけたら臆せず質問してみてください。

新北

府中商圏
| Fuzhong Shangquan |

【Map (P146) ／B＋2】

●住所：新北市板橋區重慶路
●アクセス：台北MRT「府中駅」下車、徒歩約三分。または、台鉄「板橋駅」よりタクシーで約五分。または、「台北駅」界隈よりタクシーで約十五分。駅前から伸びる重慶路を中心としたエリアに商店が点在している。

新北イチの繁華街は
台北に勝るとも劣らない？

　MRT府中駅近くにある若者向けのブティックなどが多いエリアで、その賑やかさは新北イチと言えるかもしれません。

　また、十二月には新北市クリスマスランドというイベントの一貫で、この府中商圏エリアもイルミネーションでライトアップされます。

鶯歌
| Yingge |

【Map (P146) ／B＋3】

●住所：新北市鶯歌區文化路尖山埔路
●アクセス：台鉄「台北駅」より、区間車（各駅停車）で約三十分の、「鶯歌駅」下車。または、台鉄MRT「頂埔駅」より、タクシーで約二十分。台鉄「鶯歌駅」から鶯歌老街までは、文化路を西南に行き、徒歩約十分。

言わずと知れた陶器の町で
ろくろを回し、自分だけの陶器制作を

　あまりにも有名な陶器の町。特に鶯歌老街界隈には陶器を扱う店が軒を連ねており、食器類が驚くほどの安価で売られていることもあります。

　また、鶯歌老街にある新旺陶芸という店では、実際にろくろを回すことができ、後日、焼き上がった陶器を日本に送ってくれるサービスもあります。

新店碧潭
| Xindian Bitan |

【Map (P146) ／C＋3】

●住所：新北市新店區新店路
●アクセス：台北MRT「新店駅」より、西側の新店路を東南へ、徒歩約五分。または、「台北駅」界隈より、タクシーで約三十分。

新店駅のすぐ脇にある
気軽に遊べる行楽地

　MRT新店駅からすぐにある新店渓があるエリア。行楽地として、つとに有名で天気の良い日には大勢の人が散策に訪れます。

　界隈ではレンタサイクルがある他、足こぎボートで川面に出ることもできます。小赤壁という名所を筆頭に、対岸の野趣溢れる風景も必見です。

碧潭吊橋
| Bitan Diaoqiao |

【Map (P146) ／C＋3】

●住所：新北市新店區碧潭吊橋
●アクセス：台北MRT「新店駅」より、西側の新店路を東南へ、徒歩約五分。または、「台北駅」界隈より、タクシーで約三十分。

新店碧潭のランドマーク
LEDのライトアップも

　左の新店碧潭にある約百八十七メートルの吊橋。新店側からこの橋を渡った碧潭路か岩井には食堂やスイーツ店もあるので、お腹が空いたときには行ってみると良いでしょう。

　また、この吊橋は夜間、一万七千個以上ものLEDによって派手にライトアップされます。

烏来
| Wulai |

【Map (P146) ／C＋3】

●住所：新北市烏來區烏來街
●アクセス：台北MRT「新店駅」より新店客運のバス・849番「烏来行き」で約三十五分、終点の「烏来」下車すぐ。または、「新店駅」よりタクシーで約二十五分。

トロッコにも乗れる
北部屈指の温泉街

　北部では有名な温泉街ですが、もともとはタイヤル族が多く暮らした村。界隈の食堂などでは原住民料理を出す店も多いので、是非お試しあれ。

　また、日本統治時代に始まった木材運搬用のトロッコが今も残されており、観光客も乗ることができます。

あるある　学習塾の前に、お迎えのお父さんたちのバイクがたまっている。

巻の1 台北を素通りし、北西から巡るの巻

桃園
| Taoyuan |

　国際空港があり世界的にその名を知られる桃園ですが、飛行機から降り立った旅行者からすれば、近隣は"特に何もない"エリアのようにも映ります。しかし、地域密着型の夜市、客家人の慣習に根付いた建造物やグルメ、自然の美しさを感じられるエリアが沢山あります。

● アクセス：【台鉄『桃園駅』へ】台鉄「台北駅」より、自強号（特急）で約三十分、区間車（各駅停車）で約四十五分。または、桃園空港より、統聯客運のバス・706番で約三十分。または、桃園空港より、タクシーで約二十分。または、高鉄（新幹線）「桃園駅」より、高鉄快捷のバス・206番で約四十分。

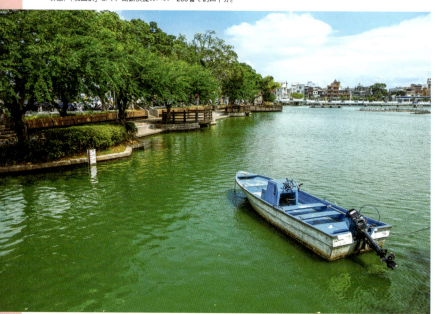

桃園の移動術
桃園空港MRTに感謝！公共交通で巡りやすくなった桃園

　桃園空港MRTが開通したおかげで、特に環北から山華までのエリアのアクセスがしやすくなった桃園ですが、MRT各駅からも近隣を巡る公共バスの路線も多いため、公共交通だけでの移動でも十分巡ることができるはずです。

　本書で紹介するエリアを、効率良く巡る場合にはレンタバイクやレンタカーがあると便利ですが、桃園の特に都心部は、台北以上に運転が難しい地域もあります。

　道が狭く渋滞もおきやすいエリアであるため、運転に自信がない人の自力移動は、個人的にはあまりお勧めできません。

台湾あるある　どこかから誰かのカラオケの歌声が聞こえる。

桃園

桃園観光夜市
| Taoyuan Guanguang Yeshi |

【Map（P148）／C＋1】
●住所：桃園市桃園區中正路、北埔路
●アクセス：台鉄「桃園駅」より、徒歩約五分の「統領百貨」より、桃園客運のバス・151番、または、桃園客運のバス・152番「同安街」行きで約七分の「北埔路口」下車すぐ。または、桃園国際空港より、タクシーで約二十分。

全長約三キロ、二百六十五の屋台！ 地元感プンプンの夜市

　桃園の中正路沿いの北埔路、正康二街、中正一街に囲まれた夜市。全長約三キロに及び、常時約二百六十五もの屋台があると言われています。
　他の夜市に比べれば比較的静かですが、グルメ、買い物はもちろん充実。地元感プンプンなので、のんびりと散策するにはもってこいです。

徳馨堂
| Te-Hsin Tang |

【Map（P148）／C＋1】
●住所：桃園市蘆竹區南山路三段90號
●アクセス：桃園空港MRT「台北駅」より、普通車（各駅停車）で約四十分の「山鼻駅」より、徒歩約三分。または、「桃園国際空港」界隈からタクシーで約十五分。または、「台北駅」界隈からタクシーで約一時間。

約百二十年前に建てられた 山鼻駅近くにある指定旧跡

　山鼻駅のすぐ近くにある一八九八年に建てられた閩南式伝統建築の施設。ヤケにイカっている屋根は、住居の所有者の陳家に秀才が出たことに対する誇りを具現化したものだそうです。
　市定旧跡に指定されているものの、一般にも開放されており、無料で見学できます。

竹囲漁港
| Zhuwei Yugang |

【Map（P148）／B＋1】
●住所：桃園市大園區沙崙里1鄰漁港路
●アクセス：桃園空港MRT「台北駅」より、直達車（快速）で約三十五分、普通車（各駅停車）で約五十分の、「機場第一航廈駅」下車すぐ。「機場第一航廈駅」より、タクシーで約十五分。

三百六十度、景色が 回転するレストランも

　台湾の人気アイドルドラマ『偸心大聖PS男』の撮影にも使われた漁港で、景色の美しさで桃園通の間ではつとに知られてきた場所。港北側にある赤いアーチの彩虹橋は夜間ライトアップされて幻想的な景色を生み出します。
　漁港界隈には海鮮料理店も集中しており、手頃な価格で新鮮な魚介料理を味わうことができます。また、魚会ビルには三百六十度回転する景観レストランも。景色を眺めながらの食事は楽しいものになるはずです。

ものすごい絵が下手だが、自覚なく根性で描いた外壁のイラストがある。

観音草漯沙丘

| Guanyin Caota Shaqiu |

【MAP（P148）/B＋1】

●住所：桃園市観音區許厝港、白玉里
●アクセス：台鉄「中壢駅」より、桃園客運のバス・5043番、または、5043A番「樹林新村」行きで約一時間の「新村路口」下車、徒歩約二十五分。または、桃園空港付近からタクシーで約二十五分。

SNSで広まった
桃園の絶景砂丘

　台湾の砂漠、砂丘と言えば、屏東の九棚港仔大砂漠（P70）が有名ですが、桃園にもそれらしいものがあります。それがここ観音草漯沙丘です。

　九棚港仔大砂漠ほどの砂漠感はないものの、約八キロにわたり広がる砂浜は「台湾中で一番美しい」という声も多いエリア。特に近年はSNSによってよく知られるようになりました。

　砂丘群は、北は大園老街から、南は観音の河口までで、散策にも最適。アクセスもしやすいので是非行ってみてください。

龍潭

| Longtan |

【MAP（P148）/B＋2】

●住所：桃園市龍潭區
●アクセス：台鉄「中壢駅」より、台湾好行のバス・501番「慈湖」行きで約三十分の「龍潭大池」下車すぐ。または、「中壢駅」より、新竹客運のバス・5616番「龍潭」行きで、約三十分の終点「龍潭」下車、徒歩約五分。

客家人が多く暮らす
古き良き台湾を感じる町

　台湾北部屈指の遊園地、六福村や小人國へのアクセスポイントで有名な龍潭。客家人が多く暮らす町で、古き良き台湾の雰囲気に満ちあふれた地域です。

　中心は龍潭大池で中には南天宮という廟もあり、地元の人たちの憩いの場となっています。

　また、龍潭大池より東にある三坑老街では伝統的な住宅や生活感溢れる洗濯場などが見学できる上、客家料理店も沢山あります。界隈にはレンタサイクルもあるので、龍潭の風を感じながら巡ってみてください。

あるある　パンを買った後、自分で作るという仕組みのホットドッグがコンビニにある。

桃園

石門水庫
| Shihmen Shuiku |

【MAP（P148）／C＋2】
- 住所：桃園市大溪區復興里環湖路一段
- アクセス：台鉄「中壢駅」より、桃園客運のバス・5050番＜中壢－石門水庫（經員樹林）＞、または、桃園客運のバス・5055番＜中壢－石門水庫（經山仔頂）＞で約一時間の「石門車站」下車すぐ。

デートスポットとしても有名な台湾最大のダム

台湾最大のダムで、台湾人の間では絶景ポイントとしてもよく知られる場所。ダムの放流施設などの実用エリアだけでなく、園内には自転車道、公園、噴水などがある他、遊覧ボートでダム内を巡ることもできます。

普通、意中の女の子に「今度ダム行かない？」とでも言えば、まず変人扱いされるはずですが、前述の充実ぶりから台湾人の間ではデートスポットとしても人気です。また、季節によって見られる紅葉や梅の鑑賞に訪れる人も多いようです。

新南老街
| Xinnan Laojie |

【MAP（P148）／C＋2】
- 住所：桃園市大溪區中山路
- アクセス：台鉄「中壢駅」より、台湾好行のバス・501番＜慈湖＞「慈湖」行きで約一時間十分の「大溪老街」下車、徒歩約七分。または、台北MRT「頂埔駅」より、タクシーで約三十五分。

中西渾然のバロック建築が並ぶエリア 現在はアート発信地に

桃園の東側に流れる大漢溪の脇にある古い町。日本統治時代には公的機関が置かれたエリアで、中西渾然のバロック様式の建築が続きます。

また、近年はストリートアートの発信地としても知られており、音楽、絵画、パフォーマンスなどを楽しむこともできます。

大溪老街
| Daxi Laojie |

【MAP（P148）／C＋2】
- 住所：桃園市大溪區和平路
- アクセス：台鉄「中壢駅」より、台湾好行のバス・501番＜慈湖線＞「慈湖」行きで約一時間十分の「大溪老街」下車すぐ。または、台北MRT「頂埔駅」より、タクシーで約三十分。

新南老街近くの木製商品街 名物の豆干専門店もズラリ

新南老街よりほど近いので、併せて行くべき和平路にある老街。

バロック様式建築が続くのは新南老街同様ですが、この通りは木製商品街でもあり、伝統技術で作られた中国家具が多く売られています。名物の豆干を食べながら散策すると良いでしょう。

台湾あるある　タクシーの運転手さんがサスペンダーをつけている。

新竹

| Xinzhu |

　IT関連企業のメッカとして知られ、"台湾のシリコンバレー"という呼び名もある新竹。さぞやハイテクな地域のようにも思えますが、実際は古くから暮らす客家人の文化に根付いたグルメ、建造物などが沢山。シンボリックな名所は少ないものの、のんびりと散策したい地域です。

●アクセス：【台鉄「新竹駅」へ】台鉄「台北駅」より、自強号（特急）で約一時間十分、区間車（各駅停車）で一時間半。または、高鉄（新幹線）「新竹駅」に隣接する台鉄「六家駅」より、約三十分。または、高鉄（新幹線）「新竹駅」より、複数の路線バスで約四十分。

新竹の移動術　いわゆる観光名所には公共交通が多く移動しやすい

　新竹の場合、いわゆる名所的な観光地は限られており、こういった場所へアクセスする公共交通は多くあるので、移動はしやすいでしょう。

　しかし、シンボリックな名所が少ない新竹ですので、旅行者個々に違う魅力を探して行くとなると、レンタバイクかレンタカーを使うのも一考です。自力で巡りながら、各所を自分の目で実際に見て回り、その風土や慣習を感じる旅というのもなかなかシブくて良いと思います。

　また、意外と山岳部の景色が美しいこともあり、こういった場所を巡る場合でもレンタバイクかレンタカーがあると便利です。

台湾あるある　犬同士がニコニコしながら仲良く歩いている。

城隍廟
| Chenghuang Miao |

【Map (P148) ／B＋2】

- 住所：新竹市北區中山路75號
- アクセス：台鉄「台北駅」より、自強号（特急）で約一時間半の「新竹駅」下車、徒歩約十分。または、「台北駅」の台北バスターミナルより、国光客運のバス・1822番「新竹」行きで、約一時間四十分、終点の「新竹」下車すぐ。

名物の米粉、肉圓、貢丸湯が食べられる新竹で最も有名な廟

台湾各所には廟に人が集まるため、やがて食堂や夜市ができたものの、結果的に立場が逆転している場所がいくつかありますが、その筆頭がここ。
廟内の祭殿の周りに米粉、肉圓、貢丸湯といった名物料理を出す食堂が所狭しと並んでいます。人が多く並ぶ店で食べると良さそうです。

香山湿地
| Siangshan Shidi |

【Map (P148) ／A＋2】

- 住所：新竹市香山區
- アクセス：台鉄「台北駅」より、区間車（各駅停車）で約一時間四十分～約二時間の「香山駅」下車、徒歩約十五分。または、「香山駅」より、タクシーで約五分。または、台鉄「新竹駅」より、タクシーで約二十分。

干潮時に海の生き物を観察できる隠れた穴場の海岸

海山漁港近くにある長さ十五キロに及ぶ海岸。干潮時には蟹、貝といった生物が身近に見られる穴場で、お子さん連れに最適です。
また、シベリアの渡り鳥の移動の中継地でもあり、世界的にも認められた野鳥保護生息地としても知られたエリアです。

湖口老街
| Hukou Laojie |

【Map (P148) ／B＋2】

- 住所：新竹縣湖口郷湖口老街
- アクセス：台鉄「台北駅」より、約一時間十分の「湖口駅」下車。新竹客運バス・5612番「湖口」行きに乗り換え、約十五分の「老鏡村」下車、徒歩約三分。

レトロな町並みが美しい静かな老街

鉄道の開発によって栄えた地域にある老街。界隈の閩南式建築の住宅には赤レンガが使われており、実に美しいです。
旧駅跡にある老湖口天主堂という教会から指定史跡・三元宮までの三百メートルのエリアにはカフェも幾軒あり、オシャレな雰囲気も醸し出しています。

北埔冷泉
| Beipu Lengquan |

【Map (P148) ／B＋2】

- 住所：新竹縣北埔郷
- アクセス：台鉄「竹東駅」より、新竹客運バス・5627番「小南坑」行きで、約三十分の「九分子」下車、徒歩約一時間。

川遊びを兼ねて行きたい新竹の冷泉

台湾の冷泉では、宜蘭の蘇澳冷泉公園（P120）が有名ですが、新竹にも冷泉があります。
川沿いに流れるその泉質は炭酸と硫黄が混じり合うもので、特に夏場は川遊びを兼ねて訪れる人が多いです。ただし、特に管理する人がいるわけではないので、安全には十分な注意を。

薫衣草森林
| Xunyicao Senlin |

【Map (P148) ／B＋2】

- 住所：新竹縣尖石郷嘉樂村嘉樂129號
- アクセス：台鉄「内灣駅」より、徒歩三分の「内灣大橋」より、新竹客運のバス・5631番「八五山」行きで、約十五分の「嘉樂」下車、徒歩約二十五分。

ラベンダーがテーマのコテージ型ホテル

台中、苗栗でも展開しているラベンダーを名物とするコテージ型ホテルチェーンの尖石店。
エリア内にはラベンダー畑がある他、ラベンダーの美容用品なども購入できます。静かな山の中では、台北などの都会では味わえないゆったりとした時間が流れています。

あるある　中華民國の国旗の量が多過ぎる橋がある。

苗栗

| Miaoli |

　西は台湾海峡に接しながら、東は雪山と大覇尖山を有する雪霸国家公園もあるという自然景観に溢れた地域。桐花、菊、アジサイ、カエンカズラ、ラベンダーといった花々が咲く他、イチゴの産地としても有名。自然に囲まれた静かな風土から、台湾人にとっての静養地として人気のある地域です。

● アクセス：【台鉄『苗栗駅』へ】台鉄「台北駅」より、自強号（特急）で約一時間半、区間車（各駅停車）で二時間。または、高鉄（新幹線）「苗栗駅」より、苗栗客運のバス・5816A番及び5815番で、約二十分。または、高鉄（新幹線）「苗栗駅」より、タクシーで約十五分。

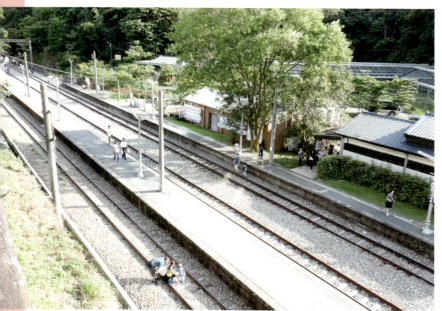

苗栗の移動術　美しい自然を見て回るのならレンタバイクかレンタカーで

　苗栗の平野部、特に台鉄の駅がある界隈は公共交通も多く、アクセスしやすいです。また、山岳部などもバスなどでアプローチできることが多く、時間に余裕があるなら、こういった公共交通だけでの移動も可能です。

　ただし、特に苗栗の醍醐味である美しい自然をくまなく見て回るのであれば、レンタバイクかレンタカーが必須。苗栗で休暇を取る台湾人も、だいたいマイカーで巡るケースが多い印象です。

　他地域に比べれば道もわかりやすく、迷うことはあまりなさそうです。是非自力移動での苗栗の旅に挑戦してみてください。

あるある　ズラ過ぎる人がいる。

苗栗

龍騰斷橋
| Longteng Duan Qiao |

【Map（P148）／A＋3】

●住所：苗栗縣三義鄉龍騰村
●アクセス：台鉄「苗栗駅」より、区間車（各駅停車）で約三十分の「三義駅」下車、タクシーで約二十分。または、「苗栗駅」より、区間車で約四十分の「后里駅」より、タクシーで約三十五分。

日本統治時代の遺構が苗栗イチの観光名所に

　元は日本統治時代の鉄道、縦貫線（後の台中線）が全面開通した際に作られたレンガ製のアーチ。しかし、一九三五年に台湾中部で大地震が発生した際、鉄橋である龍渓橋が崩壊。また一九九九年の大地震でも、さらに一部が崩壊。

　その残骸は無惨なものになりつつも、台湾では有名な遺構であり、苗栗きっての観光名所です。また、この龍騰斷橋をバックに結婚写真を撮るカップルも多く、台湾人にとっては特別な思いを抱くケースもあります。

三義
| Sanyi |

【Map（P148）／A＋3】

●住所：苗栗縣三義鄉雙湖村
●アクセス：台鉄「苗栗駅」より、区間車（各駅停車）で約三十分の「三義駅」下車すぐ。木彫り店が多い木雕街へは徒歩約三十分。または、「苗栗駅」より、タクシーで約四十分。

客家人が暮らす木彫りと桐の花の町

　龍騰斷橋がある三義は、客家人が暮らす木彫りの町、そして桐の花の町としても有名です。

　界隈には多くの工芸店や博物館があるので、是非立ち寄ってみてください。また、卓也小屋という施設では藍染体験ができることもあり、旅行者に大人気です。

銅鑼天空步道
| Tongluo Tiankong Budao |

【Map（P148）／A＋3】

●住所：苗栗縣銅鑼鄉
●アクセス：台鉄「苗栗駅」より、区間車（各駅停車）で約二十分の「銅鑼駅」下車、徒歩約五十分。または、「銅鑼駅」より、タクシーで約十五分。

台湾版お花見ができる遊歩道

　中国から伝わった油桐花。その白い花びらが落ちる様子の鑑賞は台湾人に人気があります。

　四月中旬から五月中旬までが見頃ですが、そのメッカがここ。この歩道からは油桐花の様子がよく見える上、苗栗一帯も眺められることからシーズン中は多くの観光客が訪れます。

重光診所
| Zhongguang Zhensuo |

【Map（P148）／A＋3】

●住所：苗栗縣銅鑼鄉銅鑼村武聖街10號
●アクセス：台鉄「苗栗駅」より、区間車（各駅停車）で約二十分の「銅鑼駅」下車。駅の改札を背にして、すぐ左側にある路地を行き、徒歩約二分。

名作『冬冬の夏休み』の舞台となった診療所

　台湾を代表する映画監督・侯孝賢。その作品の中でも、最も普遍的だと評価が高い『冬冬の夏休み』の舞台となった診療所。日本統治時代から続く住宅が今も綺麗に残されています。一般人の住宅ですので、見学する際は必ず許可を得るようにしましょう。

あるある　台湾人はなかなか物を買わない。

巻
の
1

台北を素通りし；北西から巡るの巻

秋茂園
| Qiumaoyuan |

【Map（P148）／A＋2】

● 住所：苗栗縣通霄通灣里20-1號
● アクセス：台鉄「竹南駅」より、＜縦貫線（海線）＞で、約二十分の「通霄駅」下車、徒歩約五分。または、高鉄（新幹線）「苗栗駅」よりタクシーで約二十五分。

有名な台湾珍景の一つ
黄秋茂さんの真意とは…

　台日の珍景ファンの間ではつとに有名なスポット。園内には孫文、マリア、天使、兵隊、仙人など、ありとあらゆるジャンルの塑像が立ち並ぶ施設で、無料で散策することができます。
　この公園を作ったのは黄秋茂さんという方ですが、園内にある力強い日本語のメッセージを見ても真意はわかりません。ただし、人々を喜ばせようとしていることだけは伝わってきます。
　公園の裏側にある海岸が綺麗なので、訪れる際はセットで散策してみると良いでしょう。

竹南五穀宮
| Zhunan Wugugong |

【Map（P148）／A＋2】

● 住所：苗栗縣竹南鎮新南里五谷街16號
● アクセス：台鉄「苗栗駅」より、約二十分の「竹南駅」下車、徒歩約五分。または、高鉄（新幹線）「苗栗駅」より、タクシーで約二十五分。または、台鉄「新竹駅」より、タクシーで約四十分。

旅行者がいないからこそ
濃い慣習を感じられる竹南の代表的な廟

　一般観光客はほぼ訪れない竹南ですが、俗化されていない分、濃い文化が感じられる地域です。
　ここ竹南五穀宮は、二百七十年以上も地域の五穀豊穣を祈願し続ける廟。強面の五穀仙帝が鎮座しており、参拝客も皆真剣。気付くと旅行者の自分まで真剣な顔になっていたりもします。

竹南后厝龍鳳宮
| Zhunan Houtsuo Longfenggong |

【Map（P148）／A＋2】

● 住所：苗栗縣竹南鎮龍安街69號
● アクセス：台鉄「苗栗駅」より、約二十分の「竹南駅」下車、徒歩約三十分。または、「竹南駅」より、タクシーで約十分。または高鉄（新幹線）「苗栗駅」より、タクシーで約二十五分。または、台鉄「新竹駅」より、タクシーで約四十分。

約四十メートルの巨大媽祖は
出産や恋愛の神として大人気

　約四十メートルという巨大な媽祖像がある竹南で人気の廟。竹南五穀宮のピリピリした空気に対し、こちらは優しい雰囲気に包まれています。
　特に女性から人気があり、結婚、出産、恋愛成就の神として知られているようです。

台湾あるある　黄色と赤の配色を見過ぎて、だんだん好きになってきた。

苗栗

龍鳳漁港
| Longfong Yugang |

【Map (P148)／A＋2】

●住所：苗栗竹南鎮龍鳳里21鄰龍江街369巷15號
●アクセス：台鉄「苗栗駅」より、約二十分の「竹南駅」下車。駅周辺から伸びる延平路を西方面へ行き、徒歩約十五分。

苗栗の魚のメッカでは刺身から揚げ魚までが！

定番の観光名所や特化したグルメこそ少ない竹南ですが、実は苗栗人の間では魚介類が美味しいことで知られています。

近隣で獲れた新鮮な魚介類を味わえるのがこの龍鳳漁港。大きな漁港ではないものの数軒の海鮮料理店があり、刺身から揚げ魚までを食べられます。

獅頭山風景区
| Shitou Shan Fengjingqu |

【Map (P148)／B＋2】

●住所：苗栗縣南庄郷東村大同路43號
●アクセス：台鉄「苗栗駅」より、約二十分の「竹南駅」下車。苗栗客運バス・5805番「南庄」行きに乗り、約一時間の終点「南庄」下車すぐ。

日本統治時代から続く仏教寺院が多くある山

新竹と苗栗の境にある霊山で、日本統治時代の初頭から続く仏教寺院がいくつもあります。

風景区内には志山古道という約五キロ続く山道があり、途中には絶景ポイントもあります。ただし、界隈は霊域として知られることもあり、ゾクっとする雰囲気もあります。

南庄老街
| Nanzhuang Laojie |

【Map (P148)／B＋2】

●住所：苗栗縣南庄郷桂花巷
●アクセス：台鉄「苗栗駅」より、約二十分の「竹南駅」下車。苗栗客運バス・5805番「南庄」行きに乗り、約一時間の終点「南庄」下車すぐ。

"中部の九份"と呼ばれるレトロでかわいい町並み

かつて炭坑で栄えた町と言えば新北の九份（P14）が有名ですが、それと似た歴史を持つ南庄。観光のメッカはこの南庄老街で、休日には多くの観光客で賑わいます。

日本統治時代から続く建築が多く、オシャレなカフェなどもあり散策にはもってこいです。

鳴鳳古道
| Mingfeng Gudao |

【Map (P148)／B＋2】

●住所：苗栗縣獅潭郷
●アクセス：台鉄「苗栗駅」より、新竹客運バス・5657番「獅潭」行きに乗り、約一時間の終点「獅潭」下車、徒歩約六分。または、台鉄「苗栗駅」より、タクシーで約三十分。または、高鉄（新幹線）「苗栗駅」より、タクシーで約四十分。

サイシャット族が開いた山道がトレッキングと花見の名所に

苗栗の山岳部のサイシャット族が狩猟をするために作った約三・五メートルの山道で、今ではトレッキングのスポットとして知られています。

正直鬱蒼とした山道ですが、四月から五月には桐の花が咲きます。花びらが雪のように散り乱れる様子を見るための旅行者も多く訪れます。

泰安温泉
| Taian Wenquan |

【Map (P148)／B＋3】

●住所：苗栗県泰安郷
●アクセス：台鉄「苗栗駅」より、新竹客運バス・5656番「大湖」行きに乗り、約五十分の終点「大湖」下車。「大湖」より、タクシーで約三十分。または、台鉄「苗栗駅」より、タクシーで約一時間。

日本統治時代には療養所もあったリゾートホテルが建ち並ぶ温泉エリア

日本統治時代には"上島温泉"と呼ばれ、警察の療養所もあった泰安温泉。

界隈はSPAを備えたリゾートホテルが多いため、弾丸の日帰り入浴には不向きです。是非一泊し、山に囲まれたゆったりとした時間を過ごすほうが良いでしょう。

台中

| Taichung |

　台湾第三の産業都市で、中部を巡る際の一大拠点。中心部は都会的ですが、町の随所には日本統治時代から続く建造物や歴史ある名所が数多くあります。また、中心部から海岸エリア、または山岳エリアには自然溢れる名所も沢山。中心部だけでなく、こういった郊外にも足を伸ばしてみると良いでしょう。

● アクセス:【台鉄『台中駅』へ】台鉄「台北駅」より、自強号（特急）で約二時間半、区間車（各駅停車）で三時間。または、高鉄（新幹線）「台中駅」に隣接する台鉄「新烏日駅」より、約二十分。または、高鉄（新幹線）「台中駅」より、統聯客運のバス・159番「台中公園」行きで、終点「台中公園」下車、徒歩五分。

台中の移動術
中心部＋平野部はバス多し
しかし、郊外は途端にバス少なし

　苗栗（P30）、南投（P77）、彰化（P39）などへの移動拠点でもあり、中心部や平野部ではバス路線が多く移動に困ることはないでしょう。

　しかし、山岳部への移動となると、バス路線が限られ、あっても本数が極めて少なくなります。どうしてもバス移動をする場合は、時刻表と時間配分を吟味する必要があります。

　こういった事情からやはり個人的なお勧めはレンタバイクかレンタカーですが、中心部から山岳部との間で、百五十キロ以上離れるところもあります。より深い地域を巡る場合はレンタバイクよりもレンタカーのほうが確実に楽です。

あるある　道路工事の場所に、旗を持ったリアルなマネキンがいる。

宮原眼科
| Gongyuan Yanke |
【Map (P149) / D+2】
- 住所：台中市中區中山路20號
- アクセス：台鉄「台中駅」より、すぐの中山路沿い。徒歩約五分。または、高鉄（新幹線）「台中駅」より、タクシーで約五十分。

日本人医師・宮原武熊の眼科が複合型菓子店に

戦後数十年放置されていた日本統治時代の元眼科の建物を鳳梨酥で有名な菓子会社、日出が再生。現在は複合型菓子店として展開し、ガイドブックにはほぼ必ず掲載されるように。

オシャレなお菓子はもちろんですが、名物のアイスクリームは絶品ですので、是非ご試食を。

緑光計画范特喜文創聚落
| Luguang Jihua Fantexi Wenchuang Juluo |
【Map (P149) / D+2】
- 住所：台中市西區中興1巷
- アクセス：台鉄「台中駅」より、台中客運のバス・27番「嶺東科技大學」行きで約十分の「向上英才路口」下車、徒歩約五分。

日本人建築士と台中の若者が再生したエリア

七十年近い歴史を持つ水道会社の寮が、日本人建築士の協力のもと、台中の若者たちによって再生されたエリア。
"范特喜（ファンタジー）""緑光（緑の光）"のテーマ通り、界隈には時空をも超えた緑豊かな雰囲気が漂い、オシャレな商店が並んでいます。

台中国家歌劇院
| Taichung Guojia Gejuyuan |
【Map (P149) / D+2】
- 住所：台中市西屯區惠來路二段101號
- アクセス：台鉄「台中駅」より、路線バス5、33、73、323、323、324、325、326で約四十分の「新光三越」下車、徒歩約十分。

二〇一六年オープンの日本人建築士による劇場

二〇一六年にオープンしたばかりの複合型劇場。
こちらも日本人建築士による建物ですが、場内には柱がなく、まるで大きな洞窟のよう。カフェ、書店、ノベルティショップなどもある他、屋外での公演も気持ち良いです。是非訪れて欲しい新名所です。

彩虹眷村
| Caihong Juancun |
【Map (P149) / D+2】
- 住所：台中市南屯區春安路56巷25號
- アクセス：台鉄「台中駅」より、徒歩約七分の「干城」バス停から、統聯客運のバス・56番「新烏日火車站」行きで約四十五分の「彩虹眷村（嶺東南路）」下車すぐ。または、高鉄（新幹線）「台中駅」より、タクシーで約十分。

住宅に隙間なく描かれた台湾版アール・ブリュット村

元は中国の内戦で敗退した中華民国軍の軍人用住宅地。後の都市開発で住宅は撤去されそうになりましたが、そのうちの一軒に暮らしていた黄永阜氏が自宅の家に絵を描き始めました。

後に有識者たちよりアートとして評価されてから一部保存されることとなり、芸術公園に変わり、年間二百万人以上が訪れる名所となりました。

黄永阜氏により隙間なく描かれた絵はまさに台湾版アール・ブリュット。一角にはノベルティショップもあります。

あるある　頭だけを大きくした人形が多い。

逢甲夜市
| Fengjia Yeshi

【Map (P149) ／D＋2】

●住所：台中市西屯區文華路
●アクセス：台鉄「台中駅」より、台中客運のバス・35番「僑光科技大學」行き、または、中台湾客運のバス・25番「僑光科技大學」行きで、約四十五分の「逢甲大学」下車、徒歩約三分。または、高鉄（新幹線）「台中駅」より、タクシーで約二十分。

台湾中に名を轟かす巨大夜市
特にお勧めは服飾店！

　逢甲大学近くにある夜市で、その規模感は台中最大とも。B級グルメ、食堂、服飾店、ゲームセンターなどが渾然一体となっており楽しいです。
　特にお勧めは服飾店です。安さを売りにした店だけでなく、他地域ではあまり見ない、香港直輸入のオシャレなセレクトショップもあります。

天津路
| Tianjinlu

【Map (P149) ／D＋2】

●住所：台中市北屯區旅順路二段87號
●アクセス：台鉄「台中駅」より、統聯客運のバス・61番「天津路商圏」下車、徒歩約一分。または、台中MRT「中清文心駅」下車、徒歩約八分。または、高鉄（新幹線）「台中駅」より、タクシーで約二十五分。

台中の服飾問屋街
旧正月前には、台中名物の激安市も

　台中イチの服飾問屋街。幼児服、婦人服、紳士服、カジュアル服など様々なジャンルの服飾問屋が軒を連ね、店によっては卸値での購入ができます。
　また、毎年の旧正月前には"年貨大街"という激安市が開催されます。服飾や菓子類などが叩き売られるため、例年多くの人でゴッタ返します。

宝覚禅寺
| Baojue Cansi

【Map (P149) ／D＋2】

●住所：台中市北區健行路140號
●アクセス：台鉄「台中駅」より、台中客運のバス・201番、統聯客運のバス・303番、または、308番「新民高中」行きで、約十五分の「新民高中（健行路）」下車すぐ。

日本人の共同墓地もある
布袋さまが微笑む寺

　一九二七年建造で、境内には一万四千人にも及ぶ日本人の共同墓地もある有名な寺。
　寺のシンボルは、約三十三メートルの金色の弥勒大仏（布袋さま）で、台湾人の間でも"癒しの大仏"として密かに人気があるそうです。
　ただし、その裏側に回ると、背中に逆卍が施された無数の窓があり、ややおぞましくも見えます。一般の人は大仏内に入れないのが残念です。

不必要に歩かされる横断歩道橋がある。

台中

梧棲漁港
| Wuqi Yugang |

【Map (P149) ／D＋2】

- 住所：台中市清水區海濱里北堤路30號
- アクセス：台鉄「台中駅」より、台中客運のバス・307番、または、巨業交通のバス・309番「梧棲觀光漁港」行きで約一時間半、「梧棲觀光漁港」下車すぐ。

三百隻以上が行き交う
台湾中部の中枢的漁港

　一九八〇年代までは小さな漁村だったようですが、後にコンテナ漁港として開かれ、一日に三百隻以上の船が行き交うようになった漁港です。
　界隈には海鮮料理店街や魚の卸売り店などもあります。ただし、夜は早めに閉まる店が多いのでご注意ください。

高美湿地
| Gaomei Shidi |

【Map (P149) ／D＋2】

- 住所：台中市清水區大甲溪
- アクセス：台鉄「台中駅」より、巨業交通のバス・309番「梧棲觀光漁港」行きで約一時間半の「高美湿地」下車、徒歩約十五分。

近年再注目され始めた
台湾版"ウユニ塩湖"

　塩の平原に薄く雨水がたまり、ミラーの世界が出現する"ウユニ塩湖"とよく似た現象が起きるエリアがここ高美湿地です。
　元は海岸ですが、干潮により湿地に映る水面が鏡張りに見える時間帯があります。絶景ブームの近年、観光ツアーに組み込まれるようにもなったようです。

月眉觀光糖廠
| Yuemei Guanguang Tangchang |

【Map (P149) ／E＋2】

- 住所：台中市后里區甲后路二段350號
- アクセス：台鉄「后里駅」より、統聯客運のバス・155番「麗寶樂園」行きで約十五分の「月眉糖廠」下車すぐ。または、「后里駅」より、タクシーで約十分。

煙突連結トンネルには
爆撃の跡も…

　后里にある元製糖工場跡で、こちらも日本統治時代のもの。台湾で唯一の、煙突に連結するトンネルがあり、その一部には第二次世界大戦で受けた爆撃の跡が今も残っています。
　館内は小さなミニトラムが走っており、これに乗って各スポットを見学する仕組みです。

新社花海
| Xinshe Huahai |

【Map (P149) ／E＋2】

- 住所：台中市新社區協成里協興街30號
- アクセス：台鉄「台中駅」より、仁友客運のバス・21延2番「中興嶺」行きで約四十五分の「中興嶺」下車、徒歩約三十分。

キノコの里で
毎年秋に開かれる花祭り

　キノコの里として知られ、シイタケ生産量台湾イチを誇る新社で、毎年秋、年に一度行われる花のイベントがこの新社花海。
　有名、無名の様々な花が咲き乱れる様子はまさしく"花の海"のようです。開催中はかなり混雑しますので計画的に行ってみてください。

卓蘭大峽谷
| Zhuolan Daxiagu |

【Map (P149) ／E＋2】

- 住所：台中市東勢區
- アクセス：台鉄「泰安駅」より、タクシーで約二十分。または、台鉄「豐原駅」より、タクシーで約三十五分。または、台鉄「台中駅」より、タクシーで約一時間十五分。

かつての川底が露出した
珍しい景色

　苗栗（P30）と台中との間に流れる大安渓にある渓谷。一九九九年に起きた九二一大地震により地形が変わり、川が流れていた場所が露出して荒涼とした光景を生み出しています。
　渓谷は岩石ではなく、土でできており不安定ですので、万全の注意をはらっての見学を。

東勢客家文化園区
| Dongshi Kejia Wenhua Yuanqu |

【Map (P149) ／E＋2】

- 住所：台中市東勢區中山路1號
- アクセス：台鉄「豐原駅」より、豐原客運のバス・206番＜豐原－東勢高工＞で約五十分の「南平里」下車、徒歩約十一分。

客家人の慣習や歴史が
よくわかる文化園

　"果物の里"としても有名な東勢は客家人が多く暮らす地域ですが、その慣習や歴史を紹介する場所がここ。元は日本統治時代の旧東勢駅で、園内では蒸気機関車に乗ることもできます。
　また、近隣には自転車道もあり、天気の良い日のサイクリングもお勧めです。

あるある　どうしても音楽を入れたかった気持ちはわかるが、重過ぎて開けないホームページがある。

谷関温泉
| Guguan Wenquan |
【Map（P149）／F＋2】

●住所：台中市和平區東關路
●アクセス：高鉄（新幹線）「台中駅」より、豊原客運のバス・153番「谷關」行きで約二時間の終点「谷關」下車すぐ。台鉄「台中駅」からもバスがある。

明治時代に開発された静かな温泉街

明治時代に開発され、日本統治時代には"明治温泉"と呼ばれた温泉街。泉質は弱アルカリ性炭酸泉で、この温泉水を使ったコーヒーを出す店もあります。

ただし、界隈の施設は巨大リゾートホテルか、簡素な民宿かの両極。計画的に利用するようにしてください。

雪霸国家公園
| Shei-Pa Guojia Gonyuan |
【Map（P149）／F＋2】

●住所：台中市和平區武陵路4號
●アクセス：台鉄「宜蘭駅」バスターミナルより、国光客運のバス・1751番「梨山」行きで二時間四十五分の「武陵農場」下車すぐ。

台中、苗栗、新竹にまたがる山岳エリア

台中、苗栗（P30）、新竹（P28）にまたがる雪山、大霸尖山の両山を含む公園区。一般に苗栗か新竹からアプローチする旅行者が多いですが、台中の和平エリアからも入山できます。

特に武陵遊客中心ではエリアの山々にまつわる展示があるので、入山前の予習に最適です。

梨山
| Lishan |
【Map（P149）／F＋2】

●住所：台中市和平區梨山里
●アクセス：台鉄「宜蘭駅」バスターミナルより、国光客運のバス・1751番「梨山」行きで約三時間半の終点「梨山」下車すぐ。

風土に根付いた烏龍茶は偽物も出回るほどの人気

雪山と合歓山連峰の間に位置し、梨、桃、蜂蜜の里として有名な梨山。

山間エリアには朝夕に深い霧が発生しますが、その効果により、深い香りが出る梨山烏龍茶はブランド化されています。偽物も出回るほどなので、地元で本物を買いましょう。

福寿山農場
| Fushoushan Nongchang |
【Map（P149）／F＋2】

●住所：台中市和平區梨山里福壽路29號
●アクセス：「梨山」バス停より、豊原客運のバス・866區1番「福壽山農場」行きに乗り換え、約十五分の終点「福壽山農場」下車すぐ。福寿路沿いに、農場運営の桃園や梅畑などが点在しており、東側には牧場もある。

"リトルスイス"と呼ばれる農場では冬場には雪が景色を被うことも

梨山付近より福寿路を南下したエリアにある風光明媚な農場。

敷地面積は八百ヘクタールで視野が広く、また、四季によって様々な景色を生み出す絶景スポットでもあることから"リトルスイス"と呼ばれることも。冬場には雪が景色を被うこともあります。

武陵農場
| Wuling Nongchang |
【Map（P149）／F＋2】

●住所：台中市和平區平等里武陵路3-1號
●アクセス：台鉄「宜蘭駅」バスターミナルより、国光客運のバス・1751番「梨山」行きで、約二時間四十五分の「武陵農場」下車。バス停のすぐ近くに武陵農場遊客中心があり、ここで農場エリアの情報や地図などが得られる。

高さ五十メートルの滝がある農場は台湾人にとってのお花見の名所

梨山より二十四キロ北にある農場で、福寿山とはまた違う景色が楽しめる名所。エリア内には高山野菜や高山茶が植えられている他、高さ五十メートルにも及ぶ桃山瀑布という滝もあります。

また、春先には桜が咲き誇ることでも有名で、台湾人のお花見スポットとしても知られています。

彰化

| Changhua |

一八〇〇年代中盤まで鹿港（P41）が貿易の中枢を担った影響でいち早く開拓が進み、特に中部では商業の中心地だった地域。彰化中心部は古き良き雑多な感じと自然が交わり、独特の雰囲気を醸し出しています。彰化では、できるだけ自分の足で巡り、地域が持つ空気を体感されることをお勧めします。

台中・彰化

● アクセス:【台鉄『彰化駅』へ】台鉄「台北駅」より、自強号（特急）で約二時間四十五分、区間車（各駅停車）で三時間十分。または、高鉄（新幹線）「彰化駅」より、複数の路線バスで約十五分の台鉄「田中駅」で、台鉄に乗り換える。約十五分。または、高鉄（新幹線）「彰化駅」より、タクシーで約三十分。

彰化の移動術　各所へのアクセスはバスで十分　中心地はできるだけ自分の足で

彰化は古くから町が栄えたせいか各所へのアクセスが発達している印象で、特にバスの路線が多いので、移動で難儀することはなさそうです。

また、レンタバイクやレンタカーで巡るのも悪くはないですが、彰化の中心地に限ってはお勧めしません。

レンタバイクやレンタカーの移動の難点は、点と点との移動になりがちですが、彰化の中心地は、雑多な雰囲気の中に寺も廟も多く、散策しながらの発見が多くあります。このことから、できるだけ自分の足を使って、界隈をよく見ながら回っていくほうが良いでしょう。

あるある はまぐりのスープを頼んだが、添えられたショウガの量が多過ぎて、ショウガスープになっている。

八卦山大仏

| Baguashan Dafuo |

【Map（P149）／D＋3】

- 住所：彰化市温泉路31號
- アクセス：台鉄「彰化駅」より、台湾好行のバス・6936番＜鹿港線＞「台明將台灣玻璃博物館」行きで約五分の「文化局」下車、徒歩約十分。または、「彰化駅」より、タクシーで約十五分。

近隣の散策も気持ち良い 彰化の象徴的な大仏

彰化の町並みを一望できる八卦山にある有名な大仏。奈良と鎌倉の大仏を模して一九六一年に建造されたもので、その高さは約二十二メートル。建造当時は、東南アジア最大の仏像として知られ、台湾八景の一つにも選出されました。

大仏の内部に入ることもでき、中には釈迦の一生がわかる展示もあって興味深いです。また、界隈の散策も実に気持ち良く、特に大仏に連結する、八卦山天空歩道は最適。のんびりとした空気に包まれています。

南天宮十八層地獄

| Nantiangong Shibaceng Diyu |

【Map（P149）／D＋3】

- 住所：彰化市公園路一段187巷12號
- アクセス：台鉄「彰化駅」より、彰化客運バス・6911番「六股路」行きで約十分の「卦山里」下車、徒歩約一分。または、「彰化駅」より、タクシーで約十五分。または、八卦山大仏より、卦山路の一角の路地をくだる、徒歩約三分。

参観者を脅かす仕掛けもある 八卦山大仏近くの密かなお化け屋敷

八卦山大仏近くにあるお化け屋敷。台南の麻豆代天府（P57）にある十八地獄と似た感じですが、怖さでは、こちらに軍配が上がります。

地獄の様子が機械仕掛けのフィギュアによっておぞましく紹介されているものですが、参観者の足下を脅かす仕掛けなどもあり、ドキっとします。

扇形車庫

| Shanxing Cheku |

【Map（P149）／D＋2】

- 住所：彰化市彰美路一段1號
- アクセス：台鉄「彰化駅」より、徒歩約十分。三民路を斜め北東に行き、和平路を左折。和平路を百メートルほど行った左側にある。

機関車を合理的に納める扇型車庫が 彰化で唯一現役稼動中

蒸気機関車を合理的に格納するために作られた扇形の車庫で、かつては台北などにもあったそうですが、現役で残るのは彰化のここのみ。

指定古跡になった後は見学の受け入れが整い、現在は機関車の移動や、場合によりターンテーブルの見学もできる名所となっています。

彰化

鹿港
| Lugang |

【Map (P149) ／D + 3】

● 住所：彰化縣鹿港鎮
● アクセス：台鉄「彰化駅」より、台湾好行のバス・6936番＜鹿港線＞「台明將台灣玻璃博物館」行きで、約三十分の「鹿港乗車處」下車、徒歩約十分。または、「彰化駅」より、タクシーで約三十分。

散策だけでも十分楽しい
台湾中部の古都

彰化西部にある地域で一七八五年から一八五四年にかけては、台南（P54）や現在の萬華（台北）と並ぶ三大都市の一つにもなった古都。二百年ほど前に港の機能はなくなったものの、今なお三大古蹟の天后宮、文祠、龍山寺があり、長い歴史を感じさせる人気のエリアです。

特に鹿港老街と中山路界隈は当時の面影が強く残っており、散策だけでも十分楽しいです。

また、名物のドリンクの麺茶や肉まんなどのグルメも忘れずに味わいましょう。

台湾護聖宮
| Taiwan Hushenggong |

【Map (P149) ／D + 3】

● 住所：彰化縣鹿港鎮鹿工南四路30號
● アクセス：台鉄「台中駅」より、台湾好行バス・6936番＜鹿港線＞「台湾玻璃博物館」行きに乗り約一時間の終点「台湾玻璃博物館」下車すぐ。

二〇一二年建造の
世界初の全面ガラス廟

彰化はガラス産業が盛んですが、その技術を投入して作られた、世界初となる全面ガラスの廟。二〇一二年建造と、比較的新しいですが、すでに旅行者から熱い視線が注がれています。

夜間にはLEDによるライトアップがなされ、全く見たことがない景色が浮かび上がります。

王功
| Wonggong |

【Map (P148) ／C + 3】

● 住所：彰化縣芳苑鄉
● アクセス：台鉄「彰化駅」より、員林客運バス・6738番「王功」行きで約一時間五十分の終点「王功」下車、徒歩約三十分。

牡蠣狩りツアーもある
小さな港町

牡蠣と言えば、雲林の台西（P44）が有名ですが、ここ王功も牡蠣養殖が盛ん。一般向けの牡蠣の潮干狩りツアーなどもあります。

また、界隈のランドマークは一九八三年建造の芳苑王功灯塔という灯台。珍しいストライプ仕様がスタイリッシュです。

二水
| Ershui |

【Map (P149) ／D + 3】

● 住所：彰化縣二水鄉
● アクセス：台鉄「彰化駅」より、「新左営駅」行きに乗り、約三十分の「二水駅」下車すぐ。または、高鉄（新幹線）「彰化駅」からのバスもある。

密かに見どころがある
集集線の起点駅

日本統治時代に建材輸送のために作られた南北二十九・七メートルに伸びる路線・集集線。その南側の起点駅が二水です。

静かな町ですが、かつての地場産業のスズリの博物館や、駅近くの光化社区公園には、台湾軍の軍機が展示されているなど、密かに見どころがあります。

あるある　全然青にならない信号機がある。

巻の1 台北を素通りし、北西から巡るの巻

雲林

| Yunlin |

　雲林は、古き良き漢文化が色濃く残る北港（P43）を筆頭に、日本統治時代の面影を大切に保管した施設や、長い歴史を持つ老街など、旅行者にとって見どころ満載の地域です。特に中心となる町・斗六には、コストパフォーマンスに優れた宿泊施設も多いので、是非一泊して界隈を巡ってみてください。

● アクセス：行政上の中心地は斗六（P45）であり、県の中心となるのも台鉄「斗六駅」界隈である。台鉄には「雲林駅」は存在しないが、高鉄（新幹線）には「雲林駅」がある。高鉄「雲林駅」より、台鉄「斗六駅」へは、雲林県のバス・201番「雲林科技大学」行きで、約一時間の台鉄「斗六駅」下車すぐ。

雲林の移動術
バスや電車が充実　自力移動の際は運転に注意を

　雲林の名所へアクセスするバスまたは電車が充実しており、特に移動に不便を感じることはなさそうです。ただし、場所によってはバスや電車の本数が極めて少ないところもあるので、事前によく調べてから利用するようにしてください。

　レンタバイクやレンタカーがあればなお便利ですが、名所に至るまでの道は、えてして交通量が少なく、このことから人が飛び出してくるなど、かえって危ないところも多いです。

　運転をする場合は、一見見通しの良い道であっても、スピードを出さずくれぐれも安全運転を心がけてください。

あるある　不慣れな中文ではあるが、理解してくれようとする人と、全く理解しようとしない人がいる。

雲林

北港
| Beigang |

【Map（P148）／C＋4】

● 住所：雲林縣北港鎮中山路178號（北港朝天宮）
● アクセス：高鉄（新幹線）「嘉義駅」より、嘉義客運のバス・7235番＜北港－高鐵嘉義站＞「故宮南院経由北港」行きに乗り、約五十分の「北港派出所（北港朝天宮）」下車、徒歩約五分。

古き良き漢文化が色濃く残る町

一六〇〇年代より福建省から移民が入ってきた古い地域。町の中心は媽祖廟の総本山と言われ、一七〇〇年創建の固定古跡・北港朝天宮。

この廟から南へ伸びる中山路、さらに中山路と民生路の交差点付近にある北港老街には、ローカルな飲食店や土産店が立ち並び、賑やかです。

古都と言えば、台南（P54）が人気ですが、個人的には漢文化が色濃く残る、この北港や新港（P53）のほうがいかにも台湾的で楽しくお勧めです。

森興燈籠店
| Senxing Denlong Dian |

【Map（P148）／C＋4】

● 住所：雲林縣北港鎮中山路91號
● アクセス：高鉄（新幹線）「嘉義駅」より、嘉義客運のバス・7235番＜北港－高鐵嘉義站＞「故宮南院経由北港」行きに乗り、約五十分の「北港派出所（北港朝天宮）」下車、徒歩五分。

デザイナー必見の台湾式提灯専門店

創業一八六六年の提灯専門店で台湾では知られたお店。提灯の製作方法は、創業当初から全て手作業。今も多くの廟や寺院からの発注に応じているそうです。特に美術系やグラフィックデザイナーの方なら、美しく細かい図案にシビれるはずです。

今回、オーナーの林さんに本書表紙（カバーをめくったところ）のタイポグラフィを依頼。唐突な依頼にも関わらず快く描いてくださった上、「お金はいい」と最後まで謝礼を受け取ってくれませんでした。

台湾あるある　洋楽が流れていることが少ない。

台西漁港

| Taixi Yugang |

【Map (P148) ／C＋4】

- 住所：雲林縣台西鄉海埔地海堤外側
- アクセス：台鉄「斗六駅」または、高鉄（新幹線）「雲林駅」より、タクシーで約四十分。台西海口生活館1066は、台西漁港エリアの観海亭の北側百メートルほどの場所にある。

界隈の海岸も美しい
静かな牡蠣の養殖港

台北、台中、台南、台東は有名ですが、旅行者にはあまり知られていない台西という小さな町があります。

その中心が牡蠣の養殖を専門とするこの台西漁港。地元で新鮮な牡蠣を味わいたいところですが、残念なことに台西界隈に料理店は数軒のみです。

来訪は港の散策がメインとなりそうですが、港近くの台西海口生活館1066という店では、干潮時に貝などを手に取れるサービスがあります。生の牡蠣に触れてみては？

延平老街

| Yanping Laojie |

【Map (P149) ／D＋3】

- 住所：雲林縣西螺鎮延平路
- アクセス：台鉄「斗六駅」より、臺西客運のバス・7132番、7133番「西螺」行き、または、日統客運のバス・7011番「六輕」行きで約三十五分、終点の「西螺地政」下車、徒歩約五分。または、「斗六駅」より、タクシーで約二十五分。

古くから続く農業の町・西螺の
バロック洋館が並ぶ静かな老街

元々はホアンヤ族が暮らし、後に福建省からの入植者らにより農業が進められた小さな町・西螺。

一九三五年の台湾中部の大地震の後、町の中心の延平路界隈に数々のバロック調の洋館が建てられ、今も大切に保存されています。農業の町だけあって、界隈には豆専門店、茶芸店などがあります。

丸荘醤油

| Wuanchuang Jiangyou |

【Map (P149) ／D＋3】

- 住所：雲林縣西螺鎮延平路25號
- アクセス：台鉄「斗六駅」より、臺西客運のバス・7132番、7133番「西螺」行き、または、日統客運のバス・7011番「六輕」行きで約三十五分、終点の「西螺地政」下車、徒歩約五分。または、「斗六駅」より、タクシーで約二十五分。

黒豆醤油のDIY体験もできる
代表ブランドの工場

延平老街の名物が、一九〇九年創業の丸荘醤油。黒豆醤油の代表的ブランドで、創業当初から続く手作り醸造が守り抜かれています。

本店となるこの工場では、黒豆醤油の作り方が体験できる他、直売もあります。その味はほんのり甘くコクがあるという、まろやかな口当りです。

雲林

雲林故事館
| Yunlin Gushiguan |

【Map (P149) ／D＋4】

●住所：雲林縣虎尾鎮林森路一段528號
●アクセス：台鉄「斗六駅」より、タクシーで約四十分。または、台鉄「台中駅」より、台中客運の高速バス、または、台西客運の高速バス・9015番「北港」行きに乗り、約一時間半の「虎尾」下車、徒歩約二分。

約百年前の官邸跡が
文化交流の場として再生

　日本統治時代に建てられた虎尾地域の官邸跡。建築は今から百年前になりますが、信じられないほど綺麗なカタチで残されている他、てるてる坊主の装飾まであったりして和みます。
　現在はこの官邸跡が文学、芸術などの文化交流の場として再利用されています。

斗六
| Douliu |

【Map (P149) ／D＋4】

●住所：雲林縣斗六市
●アクセス：台鉄「台中駅」より、自強号（特急）に乗り、約五十分の「斗六駅」下車すぐ。または、「台北駅」バスターミナルより日統客運の高速バス・7000番「斗六」行きに乗り、約三時間五十分の終点「斗六」下車すぐ。

観光名所は少ないが
移動拠点にするならお勧めの町

　雲林縣の県庁所在地で、台湾の名物フルーツ、ブンタンの産地としても知られる斗六。
　派手な観光名所がない分、旅行者は見過ごしやすいエリアですが、台湾北部から南部への移動要所であり界隈の宿泊施設は多く穴場です。ここを拠点に、台湾中南部を巡るのも良いでしょう。

人文夜市
| Renwun Yeshi |

【Map (P149) ／D＋4】

●住所：雲林縣斗六市明徳路
●アクセス：台鉄「斗六駅」より、日統客運のバス・7011番「雲林国中」行きで、約三十分の終点「雲林国中」下車、すぐ。

毎週火曜と土曜開催の
超巨大夜市

　上の斗六の夜市のうち、最も有名な人文夜市。雲林最大級を誇る夜市でB級グルメ、服飾、生活雑貨、ゲームなどの他、中にはゴーカートを走らせるエリアまであります。
　斗六滞在中は必ず行って欲しい夜市ですが、毎週火曜と土曜日のみの開催なので、ご注意を。

太平老街
| Taiping Laojie |

【Map (P149) ／D＋4】

●住所：雲林縣斗六市太平路
●アクセス：台鉄「斗六駅」より、大同路を斜め南東へ行き、太平路を右折。徒歩約五分。または、高鉄（新幹線）「雲林駅」より、タクシーで約二十五分。

日本統治時代に流行った
バロック建築がここにも

　斗六の太平路沿いにある全長約六百メートルのエリアで、一九〇八年〜一九二九年頃までに建てられたバロック様式の建築物が立ち並んでいます。
　装飾が細かく、かわいい建築が多いのも特徴で、中には西洋式住宅に日章旗風の装飾が施されるという意味深いものも。

長生堂中藥房
| Changshengtang Zhongyaofang |

【Map (P149) ／D＋4】

●住所：雲林縣斗六市太平路102號
●アクセス：台鉄「斗六駅」より、大同路を斜め南東へ行き、太平路を右折。徒歩約五分。または、高鉄（新幹線）「雲林駅」より、タクシーで約二十五分。

太平老街の名物漢方店
時代を物語る設備がズラリ

　右の太平老街には複数の漢方薬店がありますが、創業百年以上の歴史を持つのがここ。台湾人の間ではつとに知られており、名物店となっています。
　漢方薬をカット、粉砕する機械が残っている他、お店の設備も時代を感じさせるものばかり。是非見学に行ってみてください。

夜市で、人目をはばからずエロDVDをあさるオッサンがいる。

其の1 台北を素通りし、北西から巡るの巻

劍湖山世界
| Jianhushan Shijie |
【Map (P149) ／D＋4】

● 住所：雲林縣古坑郷永光村大湖口67號
● アクセス：台鉄「斗六駅」より、台湾好行のバス・7704番＜斗六古坑線＞「華山珈琲大街」行きで、約一時間の「劍湖山世界」下車すぐ。

中部最大となる遊園地
スリル満点のアトラクションから超巨大シアターまで

　台湾にはいくつかの遊園地がありますが、スリル満点のアトラクションの充実ぶりにより群を抜いて人気があるのがここ。
　七階建てに相当する世界最大の巨大スクリーンを備えたシアターや、夏場に展開されるプールアトラクションなど、家族連れ、カップルならまず間違いなく楽しめる施設です。近隣には宿泊施設もあるので、徹底的に遊ぶこともできます。

台湾あるある　駐車スペースが狭過ぎるが、台湾人なら全員駐車することができる。

column

荷物増え過ぎ問題と
台湾国内外の郵送術

ご当地グルメを持ち帰るには？

これは物欲の強い僕だけの話かもしれませんが、台湾各地を巡っていると、色々な物と出会い、ついアレコレと買ってしまい、すぐにトランクがパンパンになってしまいます。

また、ご当地グルメや、その地にしかない物に出会うこともありますが、特に食料品の場合、持ち歩くと腐ってしまうため後ろ髪をひかれながら諦めて帰ってくることも多々ありました。

しかし、あるときから小技を使うことで、地方の物産や食料品を無理なくゲットする方法を編みだしました。これ、台湾人や中文が喋れる人なら、別に誰でも普通にやっていることなのですが、旅行者にとっては意外な発見かもしれないので（特に僕にとっては革命的でした）、ここでご紹介したいと思います。

僕が台湾に行く際は、だいたい一度につき、一週間程度の滞在ですが、いつも一人で右のような荷物の量になってしまいます。なんでだろう。

クール宅急便で遠方の宿泊先へ

地方で出会ったご当地グルメを、滞在する遠方の宿泊先でも食べたい場合、まず、現地のクール宅急便で送ります。だいたいご当地グルメで有名な名店では台湾人向けに、地方発送を行っていますので、これを真似して、旅行者も利用するというものです。

例えば旅の後半に台北に宿泊するのであれば、届けて欲しい日程、時間帯と合わせて、ホテル名と自分の名前を書いて送れば、新鮮なままのご当地グルメを別の場所でも味わうことができます。

また、この到着を帰国日ギリギリに設定すれば、新鮮なままのご当地グルメを日本へのお土産として持ち帰ることもできます。

ただし、肉、果物等は輸入制限があり、特に果物は絶対に持ち込んではいけないものもあります。これは植物防疫所や、動物検疫所のWEBサイトなどで事前によく調べておいてください。

このうち、持ち込んで良いものに限定し、必ず台湾出国時に現地で審査を受け証明書を発行してもらうか、日本入国の際、必ず動物／植物検疫を受けるようにしてください。これをやっても不合格となれば廃棄となりますので、ここも事前の覚悟が必要です。

持ち運びしにくい物は国際郵便で！

さらに、連日台湾の食堂で食事をしていると、あの定番のステンレスの折りたたみテーブルに、妙な愛着が湧き、だんだん自分まで欲しくなってくることもあります（これは僕だけかもしれませんが…）。

でも、あのテーブルを買い日本に持ち帰るには、さすがにデカ過ぎて大変です。こういった場合は、旅行中に持ち帰らず、郵便局から国際郵便として日本まで別送する手もあります。

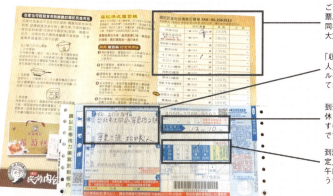

ご当地グルメの店にある購入票。よくある食堂のメニュー同様、欲しい物を書き込めば大丈夫です。

「収件人」は日本で言う「受取人」。ここに送り先となるホテル名、住所、電話番号、そして自分の名前を書き込みます。

到着日の指定欄です。土日や休日の配送は混み合うようですので、三日以上先がベターです。

到着時間の指定欄です。「不指定」は指定なし、「中午前」は午前中。あとの二つは午後のうちの時間帯の指定です。

どうしても欲しくなったステンレス製の食堂テーブル。買ったお店のお兄さんに頼み込んで一緒に梱包しました。僕は千元で購入しましたが、問屋街などでは同じ物が七百〜八百元で売られていることもあるようです。

雑貨類や本などの資料をまとめた段ボール（上）と、お兄さん尽力のもと、梱包し終えたステンレステーブル（下）。上のようにボコボコした段ボールは測量的に不経済になるので、やはり綺麗にまとめるほうが良いです。

もちろん、別途送料と関税がかかりますが、帰りの飛行機で、荷物の重量のオーバー分を払うことと、道中に持ち歩く労力を考えれば、手段の一つと言って良いでしょう。

慣れれば超簡単な国際郵便

この国際郵便も実は簡単です。

まず目当ての商品を梱包し、郵便局に持ち込みます。郵便局のカウンターで日本へ国際発送するようお願いし、航空便、船便のどちらかを選び（台湾、日本間はSAL便はないです）、用紙に書いて送るだけです。到着まで約六十日前後かかりますが、船便のほうが遥かに安いので、急がなければこちらのほうが良いでしょう。

台湾からの発送の際、「商業発票」という控えをもらいますので、大事に保管してください。日本入国の際、携帯品・別送品申告書と合わせて、税関に申請する際に必要になるものです。

これらを終えれば、日本のお家で待つだけですが、受け取りの際に、輸送物の定価の二割の関税を払うことになります。これも事前に準備しておいてください。

この国際郵便ですが、慣れると本当に楽です。特に地方のフリーマーケットなどで見つけた、重めの本や資料などは、いつもこのようにして日本に別送するようにしています。もし、これまでに台湾国内で欲しいものを見つけても、持ち帰る際の都合で購入を諦めていた方は、是非この方法を試してみてください。

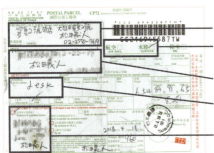

- 台湾での宿泊先と、自分の名前を書きます。
- 「航空便」か「水陸（船便）」かを選びます。
- 日本での受け取り先を書きます。
- 中に入る商品名を書きます。
- 受け取り先の他に、もう一つ勤務先等の保険的な受け取り先を書きます。
- 発送の際にもらった「商業発票」は日本入国の際に「携帯品・別送品申告書」と合わせて税関に申告します。

その2

北回帰線を越えて、熱帯を巡るの巻

嘉義・台南・高雄・屏東

嘉義駅付近より台1号線を南下した頂寮というエリア。そこにある北回帰線を境に、これまでの熱帯から亜熱帯に変わります。

やがて見えてくる台南は"台湾の古都"として人気のエリア。台南市内に点在する古跡の散策ももちろん楽しいですが、その郊外にも歴史と風土にまつわるスポットが沢山あります。是非各地も巡ってみてください。

さらに南下すると、高雄です。少々せわしない地域ですが、やはり郊外には独特の慣習に根付いた寺や廟なども数多くあり、台湾の素顔を深く感じることができるはずです。そして、最南端が屏東です。山、平野、海の自然が豊富な上、様々な民族が暮らしていることを背景に、こちらもまた独特。もちろん、数々の名物グルメもあります。

これら台湾南部の熱帯地域は台北とは全く違う雰囲気に包まれています。できれば長期滞在し、各地に色濃く漂う空気をじっくり体感してみると良いでしょう。

嘉義
| Chiayi |

　一六二四年にオランダ人が上陸する前は、中国大陸から来た顔思齊がこの嘉義一体を開墾しましたが、その長い歴史に反し、いわゆる観光名所的なスポットは少ないです。このせいでやや地味にも映るエリアですが、個人的には、台湾西部で最も居心地良く感じる町です。

● アクセス：【台鉄「嘉義駅」へ】台鉄「台北駅」より、自強号（特急）で約三時間十五分、区間車（各駅停車）で四～五時間。または、高鉄（新幹線）「嘉義駅」より、嘉義客運のバス・7211 及び 7212 番で、約三十五分の「台鉄嘉義後駅」下車。または、高鉄（新幹線）「嘉義駅」より、タクシーで約二十分。

嘉義の移動術
普通に巡るのなら公共交通で十分
市内だけなら自転車も◎

　嘉義市内の電車やバスの公共交通はかなり便利です。また、嘉義市内であればタクシーも膨大な金額になることはなく、よく調べて移動するようにすれば、特に不便はないでしょう。
　また、嘉義駅にはレンタルサイクルもあります。自転車で巡れば、移動とともに地域の空気感を深く感じることができそうです。
　ただし、布袋（P53）や阿里山公路（P52）といったやや離れたエリアを、できるだけ時間を節約しながら巡りたい場合はやはりレンタバイクやレンタカーがお勧めです。嘉義はそれなりに都会ではあるものの、運転はさほど難しくはないはずです。

太いスチール製の門がピカピカ光っている。

紅毛井
| Hongmao Jing |

【Map (P150) ／B＋2】

● 住所：嘉義市東區蘭井街83號
● アクセス：台鉄「嘉義駅」より、嘉義客運のバス・7215番「濁水」行き、または、7216番「觸口」行きで約十分の「承德」下車、徒歩約三分。または、「嘉義駅」より、タクシーで約十分。

約三百年前に掘られた嘉義最古の史跡

別名：蘭井と言い、今から約三百年前から続く井戸。当時、漢人の多くはオランダ人を"紅毛"と呼んでいたので、この名に。嘉義の最も古い史跡として地元では有名です。十八世紀には台湾で最高の水が汲める井戸として知られ、「美酒に勝る。茶や調理にも向いており、誰でも水を汲み出せる」とも謳われたそうです。

以来、嘉義人にとってのシンボルとなり、近隣にはこの井戸にちなんだ「蘭井街」という通りまでできたほどです。

九華山地蔵王
| Jiuhua Shan Dizangwang |

【Map (P150) ／B＋2】

● 住所：嘉義市東區民權路255號
● アクセス：台鉄「嘉義駅」より、嘉義県のバス・7325番「北港」行きで、約九分の「市政府」下車、徒歩約八分。または、「嘉義駅」より、タクシーで約十分。または、高鉄（新幹線）「嘉義駅」より、タクシーで約三十分。

いまだ修復中（？）の金色の菩薩が鎮座する寺

明朝末期に大陸から嘉義に持ち込まれた金色の菩薩が祀られている寺。旅行者は知らずとも地元では有名な寺ですが、数年前この寺の菩薩がクレーンで撤去されたニュースがありました。

僕が行ったときはまだ菩薩の修復がされておらず、巨大な胴体だけが駐車場に鎮座していました。

文化路夜市
| Wenhualu Yeshi |

【Map (P150) ／B＋2】

● 住所：嘉義市東區文化路
● アクセス：台鉄「嘉義駅」改札を背にして左へ。五十メートルほどの中山路を右折し、東に進み、中央噴水池があるロータリーの文化路を右折。ここまでの所要時間、徒歩約十二分。または、「嘉義駅」より、タクシーで約五分。

規模はやや小さいながらも嘉義を代表する有名な夜市

中央噴水ロータリーから南の文化路へと伸びる夜市。嘉義で最も有名な夜市で、規模はやや小さめながらもいくつものB級グルメ屋台に混じり、洋服、靴などの商店が軒を連ねています。

また、近くには有名な噴水鶏肉飯や洋服の問屋街もあるので、併せて行ってみては？

全然知らないオッサンが、ビルの外壁一面の広告になっている。

嘉油鉄馬道
| Jiayou Tiemadao |

【Map（P150）／B＋2】
- 住所：嘉義市西區世賢路四段
- アクセス：台鉄「嘉義駅」より、嘉義客運のバス・7207番「鹽水」行きで約十分の「新庄」下車、徒歩約七分。または、高鉄（新幹線）「嘉義駅」より、タクシーで約二十分。

廃線となった石油鉄道の線路が自転車道に

廃線となった石油鉄道の線路を、原型の良さを残しながらリノベーションし自転車専用道、散歩道にしたもの。都心部と田園部とを結ぶ全長約三・五キロの道のりから見る景観は美しく、休日は特に多くの自転車愛好家たちや観光客で賑わっています。

ところで、この"嘉油"の名は市民投票によって決まったそうです。様々な意味があるにせよ、その一つはおそらく"加油（がんばれ）"とかけたもの。ダジャレ好きな台湾人らしい、かわいいネーミングです。

行嘉吊橋
| Shingjia Diaoqiao |

【Map（P150）／B＋2】
- 住所：嘉義市呉鳳南路547巷附近
- アクセス：台鉄「嘉義駅」より、嘉義客運のバス・7215番「濁水」行き、または、7216番「觸口」行きで、約十五分の「輔仁中学」下車、徒歩約十分。

二〇〇六年に完成した比較的新しい吊橋

嘉義に流れる八掌渓にかかる全長三百メートル弱の吊橋。橋には鉄骨が組み入れられており、揺れが少なく安心して渡ることができます。

また近年、政府によって夜間のライトアップが行われており、これが綺麗です。是非夜間に見学に行ってみてください。

阿里山公路
| Alishan Gonglu |

【Map（P150）／B＋2】
- 住所：嘉義縣阿里山公路
- アクセス：台鉄「嘉義駅」より、公路客運のバス・7314番「達邦」行きに乗り、嘉義市より入る台18号線が阿里山公路と呼ばれる。

嘉義から阿里山を結ぶ"お茶の原宿"街道

嘉義は阿里山（P74）へ向かう中継地ですが、陸路で目指す場合はほぼこの阿里山公路（台18号線）を通ります。

嘉義市内から国道3号線（高速道路）を越えると、お茶屋さん、茶葉加工業者の工場、お茶料理屋さんが続々。まるで"お茶の原宿"のようです。

呉鳳公園
| Wufong Gonyuan |

【Map（P150）／B＋2】
- 住所：嘉義縣中埔郷社口村社口
- アクセス：台鉄「嘉義駅」より、公路客運のバス・7314番「達邦」行きに乗り、約三十分の「呉鳳成仁地」下車、徒歩約一分。

命と引き換えに悪習をヤメさせた呉鳳の公園

清朝時代、現在の阿里山一帯の官僚だった呉鳳を祀る廟を有する公園。

呉鳳は今から約二百年前に、自分の首を引き換えに原住民・ツオウ族の首狩りの悪習を改めさせました。義理堅く情熱的な嘉義人の象徴的な人物で、地元では神格化されています。

嘉義

北回帰線太陽館
| Beihui Guixian Taiyanguan |

【Map（P150）／B+2】

●住所：嘉義縣水上鄉下寮村鴿溪寮21-25號
●アクセス：台鉄「嘉義駅」より、嘉義客運のバス・7209番「布袋港」行きで、約十五分の「北回」下車、徒歩約三分。または、「嘉義駅」より、タクシーで約十分。または、高鉄（新幹線）「嘉義駅」より、タクシーで約二十分。

亜熱帯と熱帯との分岐点の、
天文にまつわる展示がある会館

　東経百二十度二十四分、北緯二十三度五分の北回帰線に建つ塔。これを境に北側は亜熱帯、南側は熱帯となる分岐点で、嘉義観光の定番スポット。
　園内には、わずかながら遊具がある他、太陽館というキッチュなカタチの施設では天文にまつわる展示があり、お子さま連れにはもってこいです。

布袋
| Budai |

【Map（P150）／A+2】

●住所：嘉義縣布袋鎮岑海里中山路3號
●アクセス：台鉄「嘉義駅」より、嘉義客運のバス・7209番「布袋港」行きで、約一時間二十分の終点「布袋港」下車、徒歩約五分。または、「嘉義駅」より、タクシーで約四十五分。高鉄（新幹線）「嘉義駅」より、タクシーで約三十分。

澎湖行きフェリーがある港が
観光客にとっての新スポットに

　澎湖（P98）行きフェリーが出る港がある町で、また嘉義最大の漁港を持つ地域。
　湿地帯を巡る観光いかだが運行される他、足を切断した少女の夢を叶えるために、高さ十七メートルのガラスの靴のカタチをした教会が登場したりと、新名所として注目を浴びています。

新港
| Xingang |

【Map（P150）／B+2】

●住所：嘉義縣新港鄉大興村新民路53號（新港奉天宮）
●アクセス：台鉄「嘉義駅」より、嘉義客運のバス・7201番「北港」行きに乗り、約四十分の「新港」下車すぐ。または、高鉄（新幹線）「嘉義駅」より、タクシーで約三十分。

台湾史を語る上で欠かせない名所
今なお、古き良き台湾の空気が漂う

　一六二二年、中陸から初めて移民が台湾島に来たとも言われる北港（P43）。やがて港ができ、中心地となったものの大洪水が起き、町の中心は約六キロ離れたここ、新港付近に移ったそうです。
　新港の中心は奉天宮。界隈には様々な商店が並び、古き良き台湾の空気に溢れています。

民雄
| Minsyong |

【Map（P150）／B+2】

●住所：嘉義縣民雄鄉民族路15號（太郎鵝肉）
●アクセス：台鉄「嘉義駅」より、区間車（各駅停車）に乗り、約十分の「民雄駅」下車すぐ。または、「嘉義駅」より、嘉義客運のバス・7202番「北港」行きに乗り、約三十分の「民雄」下車すぐ。

ガチョウ肉料理が名物の町
駅すぐ脇の太郎本店がお勧め！

　ガチョウ肉料理が名物の町で、駅前の和平路には専門店がズラリと軒を連ねています。
　中でもお勧めは太郎鵝肉。どの料理も絶品な上、マスターが実に気さく。客に対してだけでなく、従業員にも明るく接している脇でいただく食事は、いかにも台湾らしくてホッと和みます。

台湾あるある　蛇口の自動感知の読み取りがきかなすぎる。

台南

| Tainan |

　台湾で最も早く開墾された地域で、古跡が多くある台南。中心地を巡るだけでも最低一週間は滞在したいところですが、郊外にも名所が沢山あり、一回の旅行ではまず見きれません。事前にテーマを決めるなどし、複数回に分けて訪れ、台南の隅々までを巡るのが良いでしょう。

● アクセス：【台鉄「台南駅」へ】台鉄「台北駅」より、自強号（特急）で約四時間、区間車（各駅停車）で五〜六時間。または、高鉄（新幹線）「台南駅」に隣接する台鉄「沙崙駅」より、約三十分。または、高鉄（新幹線）「台南駅」より大台南のバス・H31番「台南市政府」行きで、約三十五分の「小西門」下車、徒歩約五分。

台南の移動術
公共交通だけで十分 郊外行きのバス路線も多い

　嘉義（P50）同様かそれ以上に電車、バスなどの公共交通が発達している台南。台南市内、台南駅周辺を巡るのであれば、特に困難はなくもちろん自転車などでも巡ることができそうです。
　ただし、注意すべきは意外と道が難しいことです。特にロータリー式の交差点では一本道を間違えると、全く違うエリアに行ってしまうことも。よく確認し、迷わないようにしましょう。
　また、台南郊外もバスなどの公共交通は割と多く便利です。レンタバイク、レンタカーがあればより早く巡れますが、運転が怖いなら、公共交通オンリーでも問題ないでしょう。

台湾あるある　台南と問屋街では日本人女性をよく見かける。

赤嵌楼
| Chikanlou |

【Map (P150) ／A + 3】

- 住所：台南市中西區民族路二段212號
- アクセス：台鉄「台南駅」より、府城客運のバス・3番「海東國小」行き、または、府城客運のバス・5番「市立醫院、大甲里方面」行きで、約五分の「赤崁樓」下車すぐ。または、「台南駅」より、徒歩で約十五分。

三百五十年以上の歴史を持つ
台南のランドマーク

一六五三年、オランダ人により建てられた城。元の名はプロヴィンティア城ですが、後に漢人たちにより赤崁楼、または紅毛楼と呼称されることに。

高さ十メートルを超える城砦があり、当初はオランダ統治に不満を持つ、漢人からの防衛拠点でしたが、今では台南イチの名所になりました。

大天后宮
| Da Tianhou Gong |

【Map (P150) ／A + 3】

- 住所：台南市中西區永福路二段227巷18號
- アクセス：台鉄「台南駅」より、府城客運のバス・3番「海東國小」行き、または、府城客運のバス・5番「市立醫院、大甲里方面」行きで、約五分の「赤崁樓」下車、徒歩約三分。または、「台南駅」より、徒歩で約十五分。

台湾最古の媽祖廟は
パワースポットとしての支持も

台湾各地に無数にある媽祖を祀った廟のうち、最初期に媽祖廟として認められたのがここ。元は一六六四年建造の明朝王族の府邸でしたが、後に媽祖廟に改築されたそうです。

そもそも媽祖は海の守護神ですが、今日では縁結びの神様としても支持されているようです。

呉園芸文中心
（旧台南公会堂）
| Wuyuan Yiwen Zhongxin |

【Map (P150) ／A + 3】

- 住所：台南市中西區民權路二段30號
- アクセス：台鉄「台南駅」より、大南路公車のバス・1番「茄萣」行きに乗り、約五分の「民生綠園」下車、徒歩約三分。

台南初の公共集会場が
今も人々を和ませる

清の時代の四大名園の一つで、地元の人たちにとって初となった集会場。日本統治時代には園内に台南公会堂が造られ、ここでも人々が多くの交流を図ったと言われています。

百九十年という長い歴史を経てきた名園ですが、今なお大切に維持されています。

消防局中正消防分隊
（旧台南消防署）
| Xiaofangju Zhongzheng Xiaofang Fendui |

【Map (P150) ／A + 3】

- 住所：台南市中正路2之1號
- アクセス：台鉄「台南駅」より、大南公車バス・1番「茄萣」行きに乗り、約五分の「民生綠園」下車、徒歩約五分。

日本統治時代に
建てられた元消防署

"119"の文字がかわいらしい消防署ですが、ここも日本統治時代に建築されたもの。当時は警察施設も入っており、消防や防犯の性質上、真ん中には遠くまで見渡せる望楼があります。

現在は消防署としての機能はないものの、分隊の待機所として使われているようです。

大南門
| Dananmen |

【Map (P150) ／A + 3】

- 住所：台南市中西區南門路34巷
- アクセス：台鉄「台南駅」より、大南公車バス・2番「安平・白鷺灣社區」行きに乗り、約十分の「大南門城」下車すぐ。または、「台南駅」より、徒歩約三十分。

外敵を怯ませた城門が
今では静かに町を見守る

孔子廟の南にある城門で、正式名称は"台湾府城大南門"。築二百九十年以上ですが、モノモノしい雰囲気は今はなく、静かに台南を見守っています。

また、その形状から"月城"と呼ばれることもあり、夜間の月明かりの下で音楽会が開かれることもあるようです。

台湾あるある　コンビニのビニール袋がブ厚い。

榕園
| Rong Yuan

【Map (P150)／A＋3】

●住所：台南市東區大學路1號（成功大學）
●アクセス：台鉄「台南駅」の東側（後站）出口を出てすぐ目の前の、前鋒路と大學路の一角にある、成功大學の敷地内。

成功大學の中にある公園
昭和天皇ゆかりの大樹も

　台南駅近くの成功大學内にある公園で一般にも開放され、人々の憩いの場になっています。
　ここにある大きなガジュマルの木は一九二三年に当時の皇太子（後の昭和天皇）がこの地を訪れた際の記念として植樹されたもの。成功大學のシンボルとして扱われることもあります。

海安路
| Haian Lu

【Map (P150)／A＋3】

●住所：台南市海安路
●アクセス：台鉄「台南駅」より、大台南公車のバス・1番「茄萣」行きに乗り、約十分の「中正西門路口」下車、徒歩約十分。または、「台南駅」より、徒歩約三十分。

パブリックアートと
酒場が多い通り

　夜の人気エリア。この海安路沿いの古民家の元のカタチを活かしながら、新たな血を注ぐパブリックアートが有名。
　また、界隈は台湾では珍しい酒場街と化しており、居酒屋、ビールバーなどが軒を連ねています。酒飲みにはとても有り難い通りです。

小北觀光商場
| Siaobei Guanguang Yeshi

【Map (P150)／A＋3】

●住所：台南市北區西門路四段
●アクセス：台鉄「台南駅」より、大台南公車のバス・藍幹線「佳里」行きに乗り、約十分の「建成市場」下車、徒歩約五分。または、「台南駅」より、徒歩約三十分。

常設店が集合する
穴場の室内夜市

　台南では曜日によって開催が異なる複数の有名な夜市がありますが、ここは常設店が集合する室内夜市。B級グルメやフルーツはもちろん、ファッションアイテムを扱うお店もあります。
　前述の有名な夜市よりも人が少ないことと、天候を気にしなくて良いことで結構穴場です。

安平樹屋
| Anping Shuwu

【Map (P150)／A＋3】

●住所：台南市安平區古堡街
●アクセス：台鉄「台南駅」より、大台南公車のバス・2番「安平・白鷺灣社區」、または、「七股鹽山」行きに乗り、約三十分の「安平古堡」下車、徒歩約三分。または、「台南駅」より、タクシーで約三十分。

ガジュマルの木が覆う
少々おぞましい建物

　有名な安平古堡など、台南でも特に古跡が多い安平にある、ガジュマルの木に覆われた建物。
　元々は倉庫だった建物に小鳥が住みつくようになり、小鳥がガジュマルの木の種をまき、やがて木になり建物を覆うようになったそうです。少々おぞましいですが、一見の価値ありです。

林默娘公園
| Lin Mo Niang Gonyuan

【Map (P150)／A＋3】

●住所：台南市安平區安億路
●アクセス：台鉄「台南駅」より、台南雙層のバス＜西環線＞で、約二十分の「安平漁人碼頭」下車、徒歩約十分。または、「台南駅」より、大台南公車のバス・19番「原住民文化會館」行きで約二十分「林默娘公園」下車すぐ。

媽祖（林默娘）が見守る
芝生が綺麗な港の公園

　媽祖の本名は"林默娘"と言われていますが、安平の漁港エリアにはその名を付けた公園があります。港を行き来する船を見守っているのはやはり媽祖で、さながら台湾版"自由の女神"です。
　園内は芝生が綺麗で、小さなお子さんでも安心して遊ばせることができそうです。

台南

観夕平台
| Guanxi Pingtai |
【Map（P150）／A＋3】

●住所：台南市安平區漁濱路
●アクセス：台鉄「台南駅」より、台湾好行のバス・99番「七股鹽山」行きで、約四十分の「観夕平台」下車、徒歩二分。または、「台南駅」より、タクシーで約三十分。漁濱路と海岸とを挟む一角にある。

夕焼け～夜間が特にお勧め？
安平の景観スポット

　左ページの林默娘公園より港を挟んで向い側にある橋頭海灘公園にある景観スポット。日中、目前に広がる青々とした海岸を眺めるのも良いですが、やはりここでは夕焼けの時間帯がお勧めです。
　また、夜間は通路の光源があえて控えめにされているため、星空の鑑賞にもお勧めです。

七股塩山
| Qigu Yanshan |
【Map（P150）／A＋3】

●住所：台南市七股區鹽埕里66號
●アクセス：台鉄「台南駅」より、大台南公車のバス・藍幹線「七股鹽山」行きに乗り、約一時間十分の終点「七股鹽山」下車すぐ。または、「台南駅」より、タクシーで約四十分。

塩が積まれた巨大な山には
塩とは全く無関係なオブジェも！

　七股は古くから製塩産業が盛んだった地域で、塩でできた山があります。長年放置された城が固まりできたもので、今では観光地化されています。
　白いものならナンでも来い！　とばかりに巨大な招き猫、天使、ペンギンなどが飾られることがあり、このシュールな景観も人気の理由の一つです。

台南水晶教堂
| Tainan Shuijing Jiaotang |
【Map（P150）／A＋2】

●住所：台南市北門區北門里200號
●アクセス：台鉄「新營駅」より、新營客運のバス・棕1番「北門國中」行きで、約一時間の「北門區公所」下車、徒歩五分。または、「新營駅」、「善化駅」より、タクシーで約三十分。

塩田の一角に突如現れる
クリスタル教会

　七股からさらに北上した北門の塩田の一角に建つ真っ白なクリスタル教会。
　グアムにある聖ラグーナ礼拝堂の流れを汲むもので、ウェディング写真が大好きな台湾人の間では、新しい撮影スポットとして注目を浴びているようです。

麻豆代天府
| Madou Datianfu |
【Map（P150）／A＋3】

●住所：台南市麻豆區南勢里關帝廟60號
●アクセス：台鉄「台南駅」より、区間車（各駅停車）で、約三十分の「隆田駅」下車。大台南公車のバス・橘10番「大地莊園」行きに乗り、約十五分の「曾文農工」下車、徒歩約十一分。または、「隆田駅」より、タクシーで約二十分。

珍景ファンから絶大な支持がある廟
一角のお化け屋敷も忘れずに来訪を

　そのド派手さから台湾・日本双方の珍景ファンの間で注目を浴びる廟。祀られるのは五府千歳（五人の王爺）ですが、廟内のあちこちに、人間、鬼、見たことがない動物の像がいます。
　また、廟の一角にある、怖さとユルさが混在する十八地獄というお化け屋敷は必見です。

テレビコマーシャルから番組本編に入るときに、繋ぎが悪く一瞬プチッとノイズが入ることがある。

巻の2　北回帰線を越えて熱帯を巡るの巻

烏山頭水庫
| Wushantou Shuiku |
【Map（P150）／B＋3】

●住所：台南市官田區烏山頭里嘉南68-2號
●アクセス：台鉄「隆田駅」より、新營客運のバス・黄1番または、興南客運のバス・橘10番「臺南藝術大學」行きで、約三十分の「烏山頭水庫」下車すぐ。または、台鉄「新營駅」より、タクシーで約二十五分。

日本人水利技術者・八田與一が指揮し、南部のインフラを大きく変えたダム

　日本人・八田與一の指揮により、一九三〇年に完成したダム。劣悪だった嘉南平野はダムにより上下水道が整い人々の生活が著しく改善。八田は"台湾南部の父"と称されるようになりました。
　烏山頭水庫風景区は観光地としても人気で、エリア内には八田像やバーベキューエリアも。

玉井
| Yujing |
【Map（P150）／B＋3】

●住所：台南市玉井區中正路21號（玉井青果集貨場）
●アクセス：台鉄「台南駅」より、興南客運のバス＜緑幹線＞「玉井」行きで、約一時間十五分の終点「玉井」下車すぐ。または、台鉄「善化駅」より、タクシーで約二十分。または、「台南駅」より、タクシーで約四十五分。

台湾産マンゴーの里
都会より美味しく安いマンゴーを現地で

　台湾にはいくつかのマンゴーの産地がありますが、その筆頭となるのがここ。
　皮が赤い愛文マンゴーは五〜七月がシーズン。卸売り市場ではマンゴーかき氷の店もありますが、都会よりもはるかに美味しく安いです。是非現地でのご試食を。

虎頭山
| Hutoushan |
【Map（P150）／B＋3】

●住所：台南市玉井區虎頭山
●アクセス：台鉄「台南駅」より、興南客運のバス＜緑幹線＞「玉井」行きで、約一時間二十分の終点「玉井」下車。興南客運のバス＜線20－1（休日のみ運行）＞に乗り換え、約十五分の「虎頭山」下車すぐ。または、「玉井」より、徒歩約三十分。

虎の頭のカタチをした山
山頂には抗日の記念碑も

　玉井の中心街より東に入った山で、そのカタチが虎の頭のように見えることからこの名に。
　山頂にはカフェが数軒ある他、日本統治時代に抗日運動を起こした余清芳を称える抗日烈士余清芳紀念碑も。安易に台湾を"親日"と言い切れない深い歴史を感じることができます。

尖山埤江南度假村
| Jianshanpi Jiangnan Dujiacun |
【Map（P150）／B＋3】

●住所：台南市柳營區旭山里60號
●アクセス：台鉄「新營駅」より、新營客運のバス＜黄色幹線＞「六甲」行きで、黄3番「德元埤」行きで、約四十分の「江南渡假村」下車、徒歩約三分。または、「新營駅」より、タクシーで約二十分。

工場専用貯水池エリアが
自然レジャーランドに

　新營（P59）の台糖の工場専用貯水池があった尖山。景観が美しく観光客が多く訪れるようになり、今では自然を堪能できるレジャースポットです。
　ここ尖山埤江南度假村には三種類の宿泊施設がある他、プール、SPAなども充実しています。

あるある　「愛してる」などの日本語がサビで歌われる歌謡曲がある。

台南

月津港
| Yuejin Gang |

【Map（P150）／A＋2】

●住所：台南市鹽水區月津路
●アクセス：台鉄「新營駅」より、新營客運のバス＜棕幹線＞「佳里」行きに乗り、約三十分の「橋南里」下車、徒歩約二分。

塩水天主堂
| Yanshui Tianzhutang |

【Map（P150）／A＋2】

●住所：台南市鹽水區西門路19號
●アクセス：台鉄「新營駅」より、新營客運のバス＜棕幹線＞「佳里」行きに乗り、約四十分の「護庇宮」下車、徒歩約四分。

新営糖廠
| Xinying Tangchang |

【Map（P150）／A＋2】

●住所：台南市新營區中興路42號
●アクセス：台鉄「新營駅」より、大台南公車のバス・黃1、黃2、棕1番のいずれかに乗り、約七分の「新進路口」下車、徒歩約四分。

毎年の旧正月の
ランタンフェスが大人気

二〇一二年から始まったランタンフェスティバルにより、一躍有名になった塩水にある港の名を持つ公園。期間中は一万人以上の観光客が訪れるそうです。

また、期間外でも夜間のライトアップが美しく、界隈に残る日本統治時代からの住宅見学も楽しいです。

カトリックと中華が
混じり合う教会

キリスト教やカトリック教の一派となる天主教の教会は台湾各地にありますが、特に個性が強いのがここ塩水天主堂。

教会内部の装飾は全てカトリックと中華が入り交じっており、中央の祭壇に飾られた"最後の晩餐"は西洋人ではなく、漢人。一見の価値あります。

五分車の乗車体験から
牛の乳絞りまで

かつて新營で栄えた糖廠跡。園内ではサトウキビを運んでいた五分車が観光客向けに運行されています。

五分車の終点、八老爺駅では牛の餌やりや乳搾りを体験でき、牛乳や砂糖を使ったアイスなども楽しめます。小さなお子さん連れには最適なスポットです。

烏樹林糖廠
| Wushulin Tangchang |

【Map（P150）／A＋2】

●住所：台南市後壁區烏林里烏樹林184號
●アクセス：台鉄「新營駅」より、新營客運のバス＜黃幹線＞「白河」行きで、約二十分の「烏樹林」下車、徒歩約二十分。または、台鉄「新營駅」より、タクシーで約二十分。または、高鉄（新幹線）「嘉義駅」より、タクシーで約三十分。

五分車の乗車体験はもちろん
ろくろを回せるエリアもある

こちらも糖廠跡を観光スポットに転じたスポット。新營糖廠同様、五分車の乗車体験ができる他、蘭を展示する博物館や、釜焼きやろくろを回せる施設まで、様々な体験エリアがあります。

お子さん連れはもちろん、大人のレジャースポットとしても十分に楽しい施設です。

関子嶺温泉
| Guanziling Wenquan |

【Map（P150）／B＋2】

●住所：台南市白河區關嶺里關子嶺
●アクセス：高鉄（新幹線）「嘉義駅」より、台湾好行のバス・33番「關子嶺」行きで、約一時間二十分、終点「關子嶺」下車すぐ。または、台鉄「嘉義駅」より、嘉義客運のバス・7214番「關子嶺」行きで約一時間十分、終点「嶺頂公園」下車すぐ。

日本統治時代には要人接待にも？
台湾屈指の泥温泉

日本統治時代、旧日本軍が発見した温泉エリア。泥状の温泉は独特の匂いがあるものの、台湾人にも大人気で連日多くの観光客で賑わっています。

界隈には複数の温泉がありますが、その充実度は施設によってまちまち。よく調べて入浴する施設を決めるようにしましょう。

台湾あるある　台湾人のfacebookは友だちがかなり多い。

高雄

| Kaohsiung |

日本統治時代以後、砂糖や農作物の生産と輸出で栄え、台湾第二の都市にもなった高雄。港を中心とした都市であり、地元では原住民村の名に由来した"打狗（犬叩き）"と呼ばれることもあります。それなりに町の移り変わりが激しいですが、台北に比べれば良い意味での"台湾らしさ"が色濃く残っています。

● アクセス：【台鉄「高雄駅」へ】台鉄「台北駅」より、自強号（特急）で約四時間半、区間車（各駅停車）で六～七時間。または、高鉄（新幹線）「左営駅」に隣接する台鉄「新左営駅」より、約十分。または、高鉄（新幹線）「左営駅」及び台鉄「新左営駅」より、複数のバス路線で約十五分。

高雄の移動術　公共交通は充実しているもののエリアは広範囲に

　台湾南部の中心でもある高雄からは、各エリアにアプローチできる公共交通が充実しています。特に高雄市内での移動であれば、電車、MRT、バスがかなり充実しており、タクシーの数も多いので移動で困ることはないはずです。

　しかし、特に本書で紹介した各スポットは広範囲に及ぶため、時間効率を考えればレンタバイクかレンタカーがあるとなお良いでしょう。
　注意すべきは、特に郊外の幹線道路での運転です。地元の"運ちゃん"たちは結構運転が荒いので、危ないと思ったらどんどん道を譲るようにしてください。

台湾あるある　町中でよく人とぶつかる。

西子湾
| Sizihwan |

【Map（P151）／D＋3】

● 住所：高雄市鼓山區蓮海路
● アクセス：高雄MRT「西子灣駅」より、港都客運のバス・99番「慈徳堂」行き、または、東南客運のバス・橘1A番「中山大學行政大樓」行きで、約五分の「西子灣（英國領事館官邸）」下車すぐ。

高雄八景にも選ばれた夕日が綺麗な海岸

高雄市の西にある国立中山大学にある海岸で、美しい夕日を楽しめる名所。

夕日だけでなく、天気の良い日に一望できる高雄一帯の景色も実に素晴らしく、年間を通して旅行者、カップルなどが多く訪れます。

また、西子湾駅のある鼓山界隈は下の旗津行きの船乗り場がある他、日本統治時代から続く住宅なども沢山あります。午後から夕方にかけて、この界隈をじっくりと散策してみると良いでしょう。

旗津
| Cijin |

【Map（P151）／D＋3】

● 住所：高雄市旗津區
● アクセス：高雄MRT「西子灣駅」より、徒歩約十分、「鼓山フェリー乗り場」より、対岸の「旗津」まで約五分（フェリーは日中、約十分間隔で運航）。または、高雄MRT「草衙駅」より、タクシーで約二十分。

フェリーターミナルよりたったの十分
魚介料理天国の島へ

高雄港に隣接する旗津半島は、魚介類を出す食堂が多い、指折りの観光名所の一つです。

西子湾駅近くのフェリーターミナル・鼓山輪渡より十分程度でアクセスできます。また、旗津ではレンタサイクル、人力三輪車のレンタルもあり、散策しやすいです。

寿山動物園
| Shoushan Dongwuyuan |

【Map（P151）／D＋3】

● 住所：高雄市鼓山區万寿路350號
● アクセス：高雄MRT「鹽埕埔駅」より、徒歩三分の「五福瀬南街口」バス停から、港都客運のバス・56番「寿山動物園」行きで約十五分の、終点「寿山動物園」下車、徒歩二分。または、「鹽埕埔駅」より、タクシーで約十五分。

小動物からホワイトタイガーまで！
ただし、放し飼いの猿には要注意

南台湾最大の公立動物園。小動物や鳥からホワイトタイガーまで様々な動物を見学できます。

また、園内外では猿が放し飼いされており、観光客目当てに近寄ってきたりして面白いです。ただし、猿たちは結構スレており、小さな子どもの食べ物を奪ったりもするので注意してください。

あるある　南部では、女の子の足の露出が異常に増える。

愛河
| Ai He |

【Map (P151) ／D＋3】

●住所：高雄市三民區博愛一路與同盟一路口（愛河之心）
●アクセス：愛河の代表スポット・愛河之心へは高雄MRT「後駅」または「凹子底駅」より、それぞれ徒歩約五分。または、台鉄「高雄駅」より、徒歩三十分。または、「高雄駅」より、タクシーで約十分。

恋人たちが愛を語らう
高雄イチ有名な川

　高雄港から高雄の中心部を流れる有名な川で、デートスポットでもあることからこの名に。両沿岸には小さな河川敷公園が整備されており、自転車道もあるためウォーキング、ジョギング、サイクリングを楽しむ人が多く訪れます。さらに夜間には五福路と建国橋を結ぶ愛河のナイトクルーズ・愛之船も運航。是非乗ってみてください。

　また、愛河之心は、橋に夜間ライトアップがなされるスポットで、台湾人の間で「インスタ映えする」と大人気です。

果貿社区
| Guomao Shequ |

【Map (P151) ／D＋3】

●住所：高雄市左營區果峰街
●アクセス：台鉄「内惟駅」より、徒歩約八分。または、高雄MRT「巨蛋駅」より、南台湾客運のバス・36番「左營海軍軍區」行きで、約十五分の「果貿社区」下車すぐ。または、高鉄（新幹線）「新左營駅」より、タクシーで約十分。

見れば見るほど目が回る？
インスタ映えする円形団地

　切り出したバームクーヘンのような円形団地で、「インスタ映えする」ということから近年特に注目を浴びているスポット。

　もともとは軍人向けの団地で、現在はその子孫など二千世帯以上が暮らしているそうです。朝食屋台も多いので、朝方の散策に是非。

左營蓮池潭
| Zuoying Lianchitan |

【Map (P151) ／D＋3】

●住所：高雄市左營區翠華路1435號
●アクセス：高鉄（新幹線）「左營駅」より、南台湾客運のバス・紅51番「蓮池潭」行きで、約十五分の「蓮池潭」下車すぐ。または、「左營駅」より、タクシーで約十二分。龍虎塔は、蓮池潭の西南にある。

観光ポスターで必ず目にする
高雄観光の名所中の名所

　高雄観光の筆頭の湖。周囲には複数の塔がありますが、有名なのは龍虎塔。龍の口から入り、虎の口から出ることで、災いを避け、福が来ると言われています。

　二つの塔は登ることもでき、この窓から眺める湖畔の景色は気持ち良いです。

小学校の壁に施された小学生たちによるタイル貼りがかわいい。

澄清湖
| Chengqing Hu |

【Map (P151) ／E＋3】

●住所：高雄市鳥松區大埤路32號
●アクセス：高雄MRT「高雄駅」より、高雄客運のバス・60番＜覺民幹線＞「夢裡活動中心」行きで、約四十分の「澄清湖」下車すぐ。または、高鉄（新幹線）「左營駅」より、タクシーで約二十五分。

元工業用貯水池が
高雄最大の美しい湖に

　高雄で最も大きい湖で、その美しさから"台湾の西湖"と呼ばれることもある澄清湖。周辺域を合わせると三百七十五ヘクタールもあるため、徹底した散策なら一日がかりを覚悟しましょう。
　澄清湖風景区内の海洋奇珍園という水族館はかつての核シェルター。一見の価値ありです。

岡山
| Gangshan |

【Map (P151) ／D＋2】

●住所：高雄市岡山區
●アクセス：台鉄「高雄駅」より、区間車（各駅停車）で北方面へ。約三十五分の「岡山駅」下車すぐ。または、「高雄駅」より、タクシーで約一時間。ヤギ肉料理店は駅前の中山南路や、岡山路などに点在している。

元海軍飛行場のお膝元には
八十以上ものヤギ肉料理店が！

　日本統治時代には海軍の飛行場があった地域で、今もその軍人用住宅が残る町。
　八十以上ものヤギ肉料理店があることでもよく知られており、新鮮でクセがないヤギ肉を食べたい際は訪れてみてください。この他、蜂蜜や豆板醤なども名産ですので、お土産に是非。

台湾糖業博物館
| Taiwan Tangye Bowuguan |

【Map (P151) ／D＋3】

●住所：高雄市橋頭區橋南里糖廠路24號
●アクセス：高雄MRT「橋頭糖廠駅」より、徒歩約五分。または、台鉄「橋頭駅」より、徒歩で約五分。「橋頭糖廠駅」「橋頭駅」の東側にある橋煮路と糖廠路に囲まれた一角にある。

製糖工場跡の中でも
広さと整備を誇る博物館

　台湾各地には、日本統治時代の製糖工場跡がいくつも残されていますが、跡地そのものと、一帯が特に広く、また整備されているのがここ台湾糖業博物館。
　工場はもちろん、宿舎、社宅事務所、防空壕跡なども大切に保存されており、その時代にタイムスリップした錯覚に陥るほど。また、土日限定で、かつてサトウキビを運搬していた五分車の乗車もできます。

台湾あるある　営業時間に行ったのになかなか開かない店がある。

仏光山

| Fo Guang Shan |

【Map (P151) /E＋3】

- 住所：高雄市大樹區興田里興田路153號
- アクセス：高鉄（新幹線）「新左営駅」より、高雄客運のバス・E02番＜哈佛快線＞「仏光山」行きで、約一時間十分の終点「仏光山」下車すぐ。または、「新左営駅」より、タクシーで約一時間。

一日では回りきれない仏教の聖地

高雄で最も有名な仏教の聖地で、ある種仏教のテーマパーク化している名所。

主な建物は大きく分けて大雄宝殿・大悲殿・大智殿・大碩殿の四つ。特に細部までこだわり抜かれた寺院建築、千体以上あると言われる仏像、そして高さ二十メートルにも及ぶ阿弥陀仏は仏教徒ならずとも必見です。

あまりにも広いため一日あっても回りきれませんが、山に囲まれており空気が美しく散策にも最適。定番観光では満足できない方にお勧めです。

慈玄聖天宮
（石頭廟）

| Cixuan Shengtian Gong |

【Map (P151) /E＋2】

- 住所：高雄市田寮區新興里新興路2-7號
- アクセス：台鉄「岡山駅」より、高雄客運のバス・8013番「田寮」行きで約一時間二十分の「田寮入口」下車、徒歩約八分。

出稼ぎ労働者たちが作り上げた不思議な廟

高雄郊外の田寮にはいくつかの廟や寺院がありますが、特に有名なのが慈玄聖天宮。別名：石頭廟とも呼ばれ、廟内は全て石とサンゴで作られており、台湾人の間でも"珍スポット"として親しまれています。

タイ人の出稼ぎ労働者たちが台湾での雇用業者が閉鎖したことで自国に戻れなくなった際、この慈玄聖天宮が彼らを助け、そのお礼としてタイ人が石とサンゴで装飾を加えていった経緯があったようです。

高雄

田寮月世界
| Tianliao Yueshijie |

【Map (P151)／E＋2】
- 住所：高雄市田寮區月球路
- アクセス：台鉄「岡山駅」より、高雄客運のバス・8012番「旗山」行きで、約一時間半の「月世界」下車、徒歩約十分。または、高鉄（新幹線）「台南駅」より、高雄客運のバス・E07番「實踐大學」行きで約四十分の「月世界」下車、徒歩約十分。

荒涼とした小さな丘が珍景スポットとして人気に

　田寮の崇徳と古亭の間に荒涼とした小さな丘が続く地域があり、その景観が「まるで月のようだ」ということで、この名となり、台湾人の間で珍景スポットとして親しまれるようになりました。
　夜間にライトアップされることもあり、台湾人の間ではドライブコースにもなっているようです。

旗山
| Qishan |

【Map (P151)／E＋2】
- 住所：高雄市旗山區
- アクセス：台鉄「台南駅」より、高雄客運のバス・8010番「旗山北站」行きに乗り、約一時間の「旗山轉運站」下車すぐ。または、高鉄（新幹線）「台南駅」より、高雄客運のバス・8050番「佛光山」行きで、約一時間の「旗山轉運站」下車すぐ。

台湾きってのバナナの名産地は今もデザートがいっぱい

　日本統治時代はサトウキビ栽培で名を馳せ、後に台湾きってのバナナの名産地になった小さな町で、今なお古い住宅や建築物が残っています。
　採れ立てのバナナを使ったアイスクリーム店などがある他、小豆、タロイモ、パイナップルといった素材を使ったかき氷を売る店もあります。

五龍山鳳山寺
| Wulong Shan Fongshansi |

【Map (P151)／E＋2】
- 住所：高雄市旗山區南寮巷37號
- アクセス：「旗山轉運站」バス停付近より、徒歩約三十分。または、「旗山轉運站」バス停付近より、タクシーで約十分。

五穀豊穣を祈願する台湾イチのイケメン観音

　旗山より東南へ進んだ農村の中に突如現れる約十六メートルの巨大イケメン観音。
　本来は五穀豊穣を祈願する寺の象徴として存在する観音ですが、その愛らしい外観から台湾人の珍景マニアの間でも話題に。足下にはイケメン観音のミニ版も無数にいます（P49の写真）。

不老温泉
| Bulao Wenquan |

【Map (P151)／E＋2】
- 住所：高雄市六龜區新発里
- アクセス：高雄市六龜区にある「六龜新站」バス亭より、高雄客運バス・8033番「新開（不老温泉）」方面行きに乗り、約三十分の「不老温泉」下車すぐ。

高雄郊外にある"不老不死の湯"

　六龜にある小さな温泉街で、数少ない高雄の温泉の一つ。無色透明のアルカリ性炭酸泉で、入浴後には若返ることができるといういわれがあり、地元の人々から支持されています。
　界隈の温泉施設は数少ないものの、日帰り入浴／宿泊両方ができるところが多いです。

宝来温泉
| Baolai Wenquan |

【Map (P151)／E＋2】
- 住所：高雄市六龜區寶來村
- アクセス：高雄市六龜区にある「六龜新站」バス亭より、高雄客運バス・H11番「桃源」行きに乗り、約一時間の「寶來7-11」下車すぐ。

ロッジ風の施設で温泉と山々の空気を満喫

　不老温泉より北に行った、さらに山深いエリアにある温泉街。
　施設は不老温泉よりも多いもののロッジ風のところが大半なので、弾丸の日帰り入浴は不向きかも。むしろ、ゆったりとした時間を過ごすつもりで計画的に行き、山々に囲まれながら温泉を楽しむのが良いでしょう。

最近、ビンロウをかじっている人が少なくなった気がする。

屏東

| Pingtung |

　台湾本島の最南端に位置する屏東。原住民、漢人、客家人の多民族が暮らし、各民族が持つ独特の慣習、そして言語が入り交じる地域です。恒春半島の最南端に位置する墾丁（P69）エリアは、台湾きってのリゾートスポットとして知られており、特に夏場には台湾内外から多くの観光客が訪れます。

● アクセス：【台鉄『屏東駅』へ】台鉄「台北駅」より、自強号（特急）で約五時間、区間車（各駅停車）で六〜七時間。または、高鉄（新幹線）「左営駅」に隣接する台鉄「新左営駅」より、約四十五分。または、高鉄（新幹線）「左営駅」及び台鉄「新左営駅」より、複数のバス路線で約一時間。

巻の2　北回帰線を越えて熱帯を巡るの巻

屏東の移動術　バスが中心だが、レンタバイクレンタカーがあるとなお便利

　屏東には電車もありますが、停車駅は台鉄の南廻線に面したところだけなので、屏東各地を公共交通で巡るのであればバスが中心となります。
　また、特に本書で紹介したスポットには閑散とした場所も多く、流しのタクシーはまず期待しないほうが良いでしょう。
　こういった問題からレンタバイクかレンタカーがあると便利です。屏東駅周辺、または、恒春（P69）周辺に、いくつものレンタバイク店があります。
　屏東の各道路は運転しやすいところが多いものの、その分オービスの数も多いので、スピード超過にはくれぐれもご注意を。

台湾あるある　台湾人は派手な色を好むが、意外とエンジなどのシックな色も好きそうだ。

三地門
| Sandimen |

【Map (P151) ／E＋2】

● 住所：屏東縣三地門鄉三地村
● アクセス：台鉄「屏東駅」より、屏東客運のバス・8227番＜屏東山地門郷公所線＞「三地郷公所」行き、または、屏東客運のバス・8233番＜屏東霧台線＞「霧台」行きで、約五十分の「三地門郷公所」下車すぐ。または、台鉄「屏東駅」より、タクシーで約四十分。

パイワン族が暮らす美しい村
トンボ玉作りの体験も

パイワン族が多く暮らす風光明媚な村。高雄、屏東からのアクセスのしやすさもあり、旅行者が多く訪れる地域です。

近隣を流れる隘寮渓にある山川琉璃吊橋、原住民文化園区などの見学が人気ですが、数軒あるトンボ玉工房でのアクセサリーのDIYもお勧め。

霧台
| Wutai |

【Map (P151) ／E＋2】

● 住所：屏東縣霧台鄉
● アクセス：台鉄「屏東駅」より、屏東客運のバス・8233番＜屏東霧台線＞「霧台」行きで、約五十分の終点「霧台」下車すぐ。または、台鉄「屏東駅」よりタクシーで約四十分。霧台エリアへの入山には書類申請が必要。

近年、アクセスしやすくなった
ルカイ族の伝統が色濃く残る村

左の三地門のさらに先にあるルカイ族の村。これまでは許可証がないと入山できませんでしたが、近年バスが開通し、申請が簡略化。バス内で書類を記載すれば立ち入ることが可能になりました。

平らな石板を積み上げて作られた伝統的な住宅や、山から望む一帯の景色は必見です。

萬巒
| Wanluan |

【Map (P151) ／E＋3】

● 住所：屏東縣萬巒鄉萬巒村
● アクセス：台鉄「屏東駅」より、屏東客運のバス・8238番「潮州」行きで、約三十五分の「萬巒」下車すぐ。または、台鉄「竹田駅」より、タクシーで約十分。

豚足と言えばここ！
客家人が多く暮らす町

台湾全土に知られる豚足で有名な客家人の町。界隈には豚足専門店が軒を連ねており、ときにはドライブスルー感覚で車から降りずに買う客もいるほど。

確かに日本の豚足と違い、肉感が強く美味しいです。ただし、そのタレは、ニンニクが強烈だったりもするので要注意。

竹田
| Zhutian |

【Map (P151) ／E＋3】

● 住所：屏東縣竹田鄉履豊村豊明路23號（池上一郎博士文庫）
● アクセス：台鉄「高雄駅」より、自強号（特急）で、約三十分の「竹田駅」下車すぐ。

日本統治時代の駅舎が
大切に使われ続ける町

客家人が多く暮らす静かな町。竹田駅は、日本統治時代に建てられた木造駅舎が今も大切に使われており感動を覚えます。

また、駅の隣にある池上一郎博士文庫という小さな図書館も必見。界隈の医療に尽力した同氏の寄贈書を中心に、日本語の本が多く所蔵されています。

萬丹
| Wandan |

【Map (P151) ／E＋3】

● 住所：屏東縣萬丹鄉萬新路1660號萬惠宮）
● アクセス：台鉄「屏東駅」バスターミナルより、屏東客運のバス・8201、8202、8203番「東港」行きで、約四十分の「萬丹」下車すぐ。

あずきが有名な町の
媽祖の伝説とは？

あずきが有名な町。"紅豆餅"という今川焼風のものを売る店が数多くある他、あずきドリンクなどまで売られています。

また、地元の人たちが愛する萬惠宮には「媽祖がアメリカ軍の空襲から町を守った」という伝説があり、不発弾を抱えた金色の媽祖の手があります。

東港
| Donggang |

【Map (P151)／E＋3】

- 住所：屏東縣東港鎮新生三路
- アクセス：高鉄（新幹線）「新左營駅」より、高雄客運のバス・9127番「大鵬灣」行きで、約一時間の「光復路口」下車、徒歩約十五分。または、高雄MRT「小港（小港醫院）駅」より、タクシーで約三十分。

台湾屈指のマグロの水揚げ港
隣接の市場には、刺身屋台も！

　マグロの水揚げ港と小琉球（P102）へのフェリーの発着港を兼ねた東港。隣接する華僑市場では新鮮なマグロを食べられますが、台湾の醤油は甘いので、是非日本の醤油をご持参ください。

　また、タイミングが良ければ、船からマグロがガンガン降ろされる様子も見学できます。

東港東隆宮
| Donggang Donglonggong |

【Map (P151)／E＋3】

- 住所：屏東縣東港鎮東隆街21-1號
- アクセス：台鉄「屏東駅」より、屏東客運バス・8202、8203番「東港」行きで、約一時間半の終点「東港」下車、徒歩約十分。または、左の「東港」より、タクシーで約十分。東隆街と新隆街が交差するエリアにある。

漁業が中心の東港の平安を祈る
ギンギラギンでさりげなくない廟

　漁業で成り立つ東港ですが、海の事故から人々を守るのが東港東隆宮。金色の廟門はとにかくギンギラギンで、その華やかさは一見の価値あり。

　また、三年に一度行われる船を燃やすお祭り、"焼王船"は、大きな船を焼き疫病神を鎮め、平和を祈願するもので台湾中から観光客が訪れます。

林後四林
| Linhousihlin |

【Map (P151)／E＋3】

- 住所：屏東縣潮州鎮潮義路221-1號
- アクセス：台鉄「潮州駅」より、土日のみ運行の、高雄客運のバス・605番「涼山遊憩區」行きで、約十五分の「林後四林」下車すぐ。または、「潮州駅」より、タクシーで約二十分。または、台鉄「屏東駅」より、タクシーで約三十五分。

お子さん連れに最適な
エコ、省エネがテーマの森林公園

　温かいトッピングが乗る"冷熱冰"というかき氷が有名な潮州。その郊外にある平地を活かした森林公園。

　エコロジー、省エネルギー、炭素削減などをテーマにして作られた公園で、園内には小さなお子さんでも水遊びできるエリアもあります。

後湾
| Howan |

【Map (P151)／E＋4】

- 住所：屏東縣車城郷
- アクセス：台鉄「枋寮駅」より、台湾好行のバス・9189番「墾丁快線」「小湾（墾丁）」行きで、約一時間半の「南保力（海生館轉乘站）」下車。屏東客運のバス・101番「墾丁」行きに乗り換え、約十分の「後灣」下車すぐ。

国立海洋物博物館近くの
南台湾屈指の絶景ポイント

　恒春空港から西の海岸へ行った車城・亀山にある夕焼けが綺麗なことで知られる海岸。

　この亀山エリアにある、台湾最大の水族館・国立海洋物博物館を観た後、付近をのんびりと散策しながら、この夕焼けを眺めるという段取りを組むと良いでしょう。

屏東

恒春
| Hengchun |

【Map（P151）／F＋4】
- 住所：屏東縣恒春鎮中正路30號（恒春轉運站）
- アクセス：高鉄（新幹線）「新左営駅」より、台湾好行のバス・9189番＜墾丁快線＞「小灣（墾丁）」行きで、約二時間の「恒春轉運站」下車すぐ。または、「高雄国際空港」より、高雄客運のバス・臨918番「墾丁（小灣）」行きで、約一時間半の「恒春」下車すぐ。

映画『海角七号』の舞台にもなった
城壁に囲まれた古い町

　西門、北門、南門、東門という四つの城壁に囲まれた古い町で、墾丁国家公園の玄関口でもある恒春。町自体はさして広くないものの、特に夏場は墾丁への観光客でゴッタ返します。
　墾丁のホテルは総じて高めですが、宿泊費を抑えたい方は恒春の民宿を借りるのも良いでしょう。

出火特別景観区
| Chuhuo Tebie Jingguangqu |

【Map（P151）／F＋4】
- 住所：屏東縣恒春鎮出火特別景觀區
- アクセス：「恒春」バスターミナル付近より、県道・200号線を北東方面へ行き、左側にある。所要時間、徒歩約二十分。または、「恒春」バスターミナル付近より、タクシーで約十分。

地下ガスによって
地面から延々と火が出る公園

　地下ガスが地面から噴出し、延々と出火し続ける奇景が眺められる公園。ときどき、この火を勝手に使い、煮玉子を作って売る人などもいます。
　当然のことですが、日中よりも夜間のほうが火が目立って見えますが、周辺は人影もまばらですので、夜間の訪問は注意してください。

墾丁
| Kenting |

【Map（P151）／F＋4】
- 住所：屏東縣恒春鎮墾丁路
- アクセス：高鉄（新幹線）「左営駅」より、台湾好行のバス・9189番＜墾丁快線＞「小灣（墾丁）」行きで、約二時間十分の終点「墾丁」下車すぐ。または、「恒春」界隈より、タクシーで約二十分。

台湾屈指のリゾート地で
様々なアクティビティを

　台湾屈指のリゾート地。大ヒットとなった台湾映画『海角七号』はここ墾丁と、恒春、車城周辺が舞台でした。
　一般利用できる海水浴場からホテル併設のプライベートビーチまで様々な海岸があり、もちろんビーチアクティビティも豊富です。界隈のホテルは総じて高めですが、優雅な時間を過ごしたい場合は、やはり海岸に面したホテルがお勧めです。
　ただし、夏場であっても天候の影響をモロに受ける地域。晴天を祈って向かいましょう。

あるある　身長二メートルくらいのやたらとデカい男の人がいる。

鵝鑾鼻燈塔
| Eluanbi Dengta |

【Map（P151）／F＋4】

●住所：屏東縣恆春鎮鵝鑾里燈塔路90號
●アクセス：高鉄（新幹線）「左營駅」より、高雄客運のバス・9188番「鵝鑾鼻」行きで、約二時間四十五分の終点「鵝鑾鼻」下車、徒歩約十分。

台湾八景の一つでもある
墾丁のランドマーク

　墾丁（P69）の海遊びと合わせて、マストで訪れたいのが、最南端にある鵝鑾鼻公園です。
　入り組んだ園内の散策が楽しいですが、公園の代表は鵝鑾鼻燈塔という灯台。台湾八景の一つとしてよく知られており、墾丁のお土産商品にもよく描かれています。

満洲港口吊橋
| Manzhou Gangkou Diaoqiao |

【Map（P151）／F＋4】

●住所：屏東縣滿洲郷港口村茶山路
●アクセス：「恆春」バスターミナルより、屏東客運のバス・8247番「佳樂水」行きに乗り、約四十分の「海墘」下車、徒歩約四分。

鵝鑾鼻半島の東側にある
吊橋で豊かな自然を再確認

　鵝鑾鼻をグルッと回り、太平洋側に出て北上すると、港口溪という川が見えてきます。この道の一本太平洋側にあるのが、満洲港口吊橋です。
　吊橋からは東に太平洋、西に小高い山の両方を一望でき、地域の豊かな自然を再確認することができます。

旭海温泉
| Syuhai Wenquan |

【Map（P151）／F＋4】

●住所：屏東縣牡丹郷旭海村
●アクセス：「恆春」バスターミナルより、屏東客運のバス・302番「旭海」行きに乗り、約一時間二十分の「旭海温泉」下車、徒歩約一分。

牡丹湾近くの
公衆浴場式の温泉

　満洲港口吊橋付近より、さらに四十キロほど北上した旭海エリアにある公衆浴場式の温泉。無色無味の炭酸泉が疲れた体を癒してくれます。
　こんな行きにくい場所に何故！？　と思うほど施設はかなり整っており衛生的。浴室も男女別に分かれています。

九棚港仔大砂漠
| Jiupeng Gangzai Dashamo |

【Map（P151）／F＋4】

●住所：屏東縣滿洲郷港仔村
●アクセス：「恆春」バスターミナルより、屏東客運のバス・304番「港仔」行きに乗り、約四十分の「溪滬路」下車、県道・200号線を西南に五百メートルほど戻り、海岸方面にあるエリア。徒歩約二十五分。

台湾に人が歩けぬほどの
砂漠があった！

　恆春半島の東側にある砂漠地帯。台湾に砂漠があるとはにわかに信じがたかったのですが、実際に行くと、足で歩くのは困難なほどの大砂漠がありました。
　冬場に吹く東北季風によって、粒子の細かい沿岸の砂が岸辺に積み上がり、この特殊な砂漠が生まれるのだそうです。
　界隈は起伏の激しい丘が入り組んでおり、レンタルバギーで巡るサービスが人気です。見るとやるとでは大違いで結構スリリングですが、必ず指導員の人がついてくれるので安心です。

column

屏東駅の新駅舎と
台南・大崎の地域再生

無骨ながら、妙に温かい雰囲気があって大好きだった旧屏東駅（写真左）と、先日久しぶりに降りて驚いた新屏東駅（写真下）。空港か高鉄（新幹線）の駅のような感じになっていました。

まるで変わった屏東駅にビックリ！

先日、数年ぶりに屏東駅周辺に宿泊する機会がありました。台湾にハマリ始めた頃、屏東駅周辺を拠点に南部を巡っていた時期があり、僕にとって台湾で最も思い出深い駅です。

そんな経緯があったので、懐かしい気持ちで電車を降りたのですが、駅舎がかつてと全然違う！　かなり近代的にリニューアルされており、まるで違う駅のように感じました。

調べたところ、屏東駅の建て替えは二〇一六年に行われたようでした。新装された大きな理由は、線路の二面化と、近い将来、左営からこの屏東まで高鉄（新幹線）の路線が伸びることを見越してのことのようでした。このリニューアルによって、駅舎内は広々とし使いやすくなり、駅周辺の駐車スペースなども、これまで以上のクルマが停められるようになったそうです。

町の雰囲気に合っていた旧屏東駅舎

しかし、ここからはイチ旅行者の個人的な意見ですが、この新しい屏東駅、どうも派手過ぎるというか、屏東の町と激しいギャップがあるような気がしてなりませんでした。

お世辞にも綺麗とは言えなかった旧屏東駅ですが、不思議な温かさがあり、町の雰囲気ともピッタリ合っていて僕は大好きでした。初めて屏東に降り立ったときは「ここが南部台湾か！」といたく感動した記憶もあります。

だからこそ、この新しい屏東駅に馴染めなかったというわけです。地元の人にとって、便利になることは当然良いことです。でも、町の空気を置き去りにして闇雲に新しくすることは、果たして良いことなのかな？　と思うところもあります。

屏東駅近くのバスターミナルも思い出の場所です。こちらは従来のママだったのでホッと安心。

烏山頭水庫近くの小さな大崎村

　…と、新しい屏東駅に不必要に憤り、涙のせいか台湾ビールがしょっぱく感じる僕でしたが、その翌日、とある縁があり、台南の烏山頭水庫（P58）のすぐ近くにある大崎という村を訪ねました。

　ご存知の通り、烏山頭水庫は南部台湾屈指のダムですが、さらに周辺を凝視すると、大崎という静かな村があります。旅行者にとっては通り過ぎるだけだった小さなこの村が、近年地方再生によって静かに注目を集めているようです。

　近隣の国立台南芸術大学の研究生や学生たちの有志によって、廃墟寸前の家屋を地域の景観に合うよう自分たちの手でリニューアルし、子ども用図書館として開放。さらに、子どもたちを招いたDIYイベント、小さな河原でのライブイベントなどを定期的に開催する他、地域で採れるマンゴーやみかんといった果物のブランド化なども熱心に行っていると聞きました。

　試しに大崎村で採れたみかんをいただきましたが、これが素朴な味わいで美味しい！　日本のみかんと台湾のポンカンの間のような感じの、いかにも台湾的な味わいでした。

"残し続ける"のが台湾の魅力

　大崎の再生は、芸術的感性と知性に富んだ彼ら、そして、若者ならではの情報の行き来によって実現した試みと言って良いでしょう。過疎化が進んだ村に対し、若者たちが物心ともに豊かさを呼び込んだ好例で、現在は台湾政府も認め資金援助をするほどになったそうです。

　また、本書を作っていて改めて感じたのは、台湾には"これまでのものを、できるだけ変えずに残している"という名所が多かったことです。

　複雑な歴史と、民族が入り組んだ台湾だからこそ、良いことも悪いことも後世に繋いでいこうとする試みが根付いているのだと思います。また、こういったいくつもの歴史の継承があるからこそ、台湾は奥が深く、また何度来ても新しい発見があるのかなとも思いました。

　そう考えると、新しい屏東駅は、やはりどうも台湾の美徳に反し、ピカピカし過ぎてダメです（しつこい）。旧駅舎をうまく活かしたリニューアルだったら良かったのになぁと、またブツブツ思ってしまう僕なのでした。

過疎化が進んでいた大崎村ですが、若者たちにより再生の試みがなされ、注目を浴びるようになったそうです。

若者たちの大崎再生の象徴でもある、民家をリノベーションした小さな図書館。古き良きものを残しつつ、全ての改装を彼ら自身の手で行ったようです。定期的なイベントも開催しているようなので、台湾滞在中、是非立ち寄ってみてください。
大崎児童芸術図書館【Map（P150）／B＋3】　https://www.facebook.com/da7childartlibrary/

その3

真ん中の山と湖を行くの巻

阿里山・玉山・南投

台湾は沖縄のすぐ近くにあり、夏場は特に暑い島。また、九州ほどの大きさなので一周するのに何日もかかることはない――。そんなことは誰でも知っていることですが、一方、台湾島の真ん中には、富士山よりも高い玉山を筆頭に中央山脈、雪山山脈、阿里山山脈、海岸山脈と、険しい山々が連なっていることは意外と知らない人もいます（恥ずかしながら、僕も台湾に通い始めた頃は、よく知りませんでした）。また、これら山岳地帯では〝暑い台湾〟の先入観を覆すかのごとく、冬場には雪が降り、春先には桜の花が咲くこともあります。

旅行者にとって、台湾の奥深さをさらに強く感じさせてくれるのが、これら真ん中の山岳部と、日月潭、埔里、霧社、清境農場で有名な南投地域です。もちろん、台湾人の間でも、定番の観光エリアでもあります。

巻の3 真ん中の山と湖を行くの巻

阿里山

| Alishan |

阿里山は山の名前ではなく十五の山々からなる山脈を指すもの。あちこちに樹齢千年以上の台湾ヒノキが自生しており、靖国神社、明治神宮などの日本の神社仏閣にも多く使われています。その神秘性やご来光などをもって、阿里山は"台湾イチのパワースポット"として人気の観光スポットです。

●アクセス：【阿里山鉄路「阿里山駅」へ】通常であれば、阿里山鉄路「嘉義駅」より「阿里山駅」まで約四時間〜四時間半。ただし、二〇一九年三月時点で、阿里山鉄路は「嘉義駅」からは「十字路駅」までの運行につき、「阿里山駅」へは「十字路駅」からタクシーで、約四十分。または、台鉄「嘉義」バスターミナルより、台湾好行のバス・7322C＜阿里山Ｂ線＞で約二時間半。

阿里山の移動術　山岳部なので移動の制限はやむを得ない

嘉義（P50）からのアクセスが一般的で、阿里山森林鉄路での電車の旅か、阿里山公路（P52）を使うバスなどで入ります。ただし、阿里山鉄道もまた天変地異の影響を受けやすく、断線などもあります。事前に最新情報を調べてから行くようにしてください。

また、人気のご来光は時期によって日の出時間が異なるため、これもよく調べた上、前日には阿里山駅か阿里山内の宿泊先などで高山鉄道の切符を購入しておくのがベターです。

移動には制限があるものの、これをクリアすれば充実した観光、散策ができるでしょう。

台湾あるある　店の厨房に遠慮なく入っていくので従業員なのかと思ったら、別に普通の客だった。

阿里山

竹崎
| Zhuqi |

【Map（P150）／B +2】

●住所：嘉義縣竹崎鄉竹崎村
●アクセス：阿里山鉄路「嘉義駅」より、「十字路」行きで約四十分、「竹崎駅」下車すぐ。または、台鉄「嘉義駅」より、タクシーで約四十五分。

鉄道ファン必見の
機関車のメカドック的駅

　阿里山森林鉄路で嘉義より二つ目の駅・竹崎は、路線の中でも数少ない木造駅舎の一つ。
　かつては機関車の調整を行う駅としても知られていたそうです。現在も電車の向きを変えるためのデルタ線路などが残されており、途中下車をして見学する旅行者が数多く訪れます。

燕子崖
| Yanziyai |

【Map（P150）／C +2】

●住所：嘉義縣梅山鄉
●アクセス：台鉄「嘉義駅」より、嘉義客運のバス・7315番「瑞峰」行きで、約一時間四十分の「梅花山荘」下車、徒歩約二十分。

ツバメの巣があった？
密かに人気の大絶壁

　幅約四十メートル、上部はデコボコの平行線が見られる阿里山・瑞峰地域にある大絶壁。小さな穴が数多くあり、かつてはツバメの巣があったという言い伝えから、この名前に。
　アクセスはやや不便ですが、森林浴を兼ねて散策してみてください。

奮起湖
| Fenqihu |

【Map（P150）／C +2】

●住所：嘉義縣竹崎鄉中和村
●アクセス：阿里山鉄路「嘉義駅」より、一日一便の「奮起湖駅」行きで、約二時間四十分の「奮起湖駅」下車すぐ。

森林鉄路以前からある
最高海抜の老街

　「南台湾の九份」と称されることもある阿里山森林鉄路の途中駅。三方を山に囲まれた平らの地勢が「まるで雲と霧に囲まれた湖のようだ」ということで、この名前に。
　駅下側には台湾最高海抜となる老街があり、食事や買い物を楽しむことができます。

福美吊橋
| Fumei Diaoqiao |

【Map（P150）／C +2】

●住所：嘉義縣阿里山鄉山美村第六鄰
●アクセス：台鉄「嘉義駅」より、徒歩二十分の「大雅」バスターミナルより、嘉義客運のバス・108番「茶山」行きに乗り、約一時間四十分の「山美」下車。徒歩約二十分。または、「嘉義駅」より、タクシーで約一時間半。

福建省の赤十字社から贈られた
台湾最長のハンモック式吊橋

　阿里山公路（P52）の龍美というエリアより、山美産業道路を入り、曾文溪方面へ目指し、川が見えてきたところにあるのがこの吊橋です。
　ハンモック式の吊橋としては、台湾で最も長い全長百七十五メートル。橋から眺める曾文溪が美しく、台湾人観光客の間で人気のスポットです。

沼平
| Zhaoping |

【Map（P150）／C +2】

●住所：嘉義縣阿里山鄉香林村
●アクセス：阿里山鉄路「阿里山駅」より、＜沼平線＞で約十分の「沼平駅」下車。または、「阿里山駅」より、タクシーで約十五分。姉潭、妹潭は駅の北側にあるが、歩道や花道などの散策エリアは点在している。

阿里山のお花見スポットで
春先には桜も満開に

　標高二千二百七十四メートル。阿里山のお花見スポットで、春先には綺麗な桜が咲きます。
　また、沼平周辺には姉潭、妹潭という姉妹のような二つの湖がある他、神木も数多くあります。アクセスのしやすさもあり、これらを見学しながら巡る旅行者で連日賑わいます。

台湾あるある　美味しい食堂が身近にあるのに、何故かカップラーメンばかりする台湾人がいる。

玉山

| Yushan |

　日米開戦の際の「ニイタカヤマノボレ」の暗号は有名ですが、これはまさしく玉山のこと。一時期から富士山への登山ブームが続いていますが、近年さらに上を目指す人の間で玉山の登山が静かな人気のようです。アクセス制限はありますが、興味のある方は是非トライしてみてください。

● アクセス：「日月潭」より、省道・台21号線を南下。「草坪」界隈より、この台21号線がそのまま玉山景観公路（新中部横貫公路とも言う）となる。やがて台21号線が台18号線に変わる「上東埔」界隈へ。楠溪林道を入り、玉山登山口へ。タクシー等で約三時間。または、阿里山鉄道「阿里山駅」駅より、省道・台18号線を東に行き、玉山登山口へ。タクシー等で約一時間半。

玉山の移動編
玉山入山は許可証が必須
台湾の旅行会社利用が安全

　玉山国家公園の裾野には広範囲に道路があるものの、玉山そのものに軽く散策できるようなエリアはなく、旅行者が入山する場合はやはり頂上を目指す登山となるでしょう。
　登山をする場合は、まず、玉山の宿泊施設・排雲山荘の抽選に応募します（一日の制限は九十二名）。当選したら代金を支払い、入山許可に必要な書類を作って入山するという流れ。抽選なので当たるかどうか運次第です。
　WEBサイトなどで自力で応募も可能ではありますが、台湾の旅行代理店などに申し込み、他の登山客とセットで巡るほうが良いでしょう。

あるある　テレビの女性キャスターの洋服のカラーコーディネートが原色＋原色の足し算がすごい。

玉山・南投

南投
| Nantou |

　台湾で唯一海がない地域で、三千メートル規模の峰が四十一もあり、「ここは南国・台湾なのか」と錯覚を覚えるほど。一方、台湾屈指の景勝地・日月潭（P80）、台湾本島のヘソに位置する埔里も県内にあり、山岳部とはまた違う風土があります。こういった違いも意識して観て巡ると良いでしょう。

● アクセス：行政上の中心は南投市だが、多くの旅行者にとっての拠点は埔里となることが多い。特に公共交通を利用して移動する場合は、バスが中心となることが多い。「埔里」バスターミナルへは、台鉄「台中駅」より、台中客運のバス、または、南投客運のバス・6899番「埔里」行きで約四十分、終点の「埔里」下車すぐ。

南投の移動術
バスは多いものの、時間効率を考えるならレンタカーを

　日月潭や埔里周辺はバスやタクシーがあるのでまず不便はないでしょう。また、日中であれば、埔里より霧社（P78）、盧山温泉（P78）、清境農場（P79）までのバスが出ており、これも便利です。ただし、夜間は極端に本数が少なくなります。日帰りのつもりで行った山岳部で帰りのバスがないとなると、大変なことになるのでご注意を。

　一方、各所を巡るにあたり、時間効率を考えるのならやはりレンタカーが一番です。清境農場までの道は広くカーブも少ないため運転しやすく、埔里から日月潭までの道もこう配はありながらも道が広くてさほど難しくありません。

台湾あるある　とんでもない田舎町で、突然日本語を喋る若者と出会う。

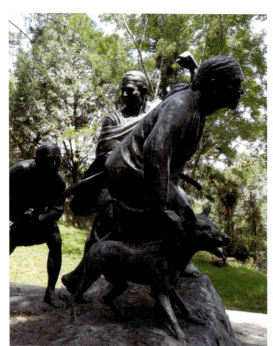

霧社
| Wushe |
【Map（P152）／C＋2】

- 住所：南投縣仁愛鄉大同村
- アクセス：「埔里」バスターミナルより、南投客運のバス・6659番「松崗」行き、または、6662番「奧萬大」行きで、約一時間の終点「霧社」下車すぐ。

日本統治時代の最大の抗日運動の舞台

　日本統治時代の最大規模の抗日運動・霧社事件。映画『セデック・バレ』によって改めて知られるようになりましたが、その舞台となったのが霧社です。

　セデック族のモーナ・ルダオが指揮を執り日本人ばかり百名以上を惨殺。以降、セデック族と日本軍との間で熾烈な戦いが繰り広げられましたが、その現場が各地にあります。

　日本人が惨殺された元小学校跡は現在、電力会社になっています。きちんと話をすれば中を見せてくれることもあります。

盧山温泉
| Lushan Wenquan |
【Map（P152）／C＋2】

- 住所：南投縣仁愛鄉精英村
- アクセス：「埔里」バスターミナルより、南投客運のバス・6661番「盧山温泉」行きで、約一時間半の終点「盧山温泉」下車すぐ。または、「埔里」付近より、タクシーで約一時間。または、「霧社」付近より、タクシーで約二十分。

海抜一千三百メートルの台湾で最も高い場所にある温泉街

　日本統治時代から続く南投で最も有名な温泉街。二〇〇八年に水害で大きな被害を受けてから政府より廃業を言い渡されましたが、いまだ現役です。

　この十年ほどはやや閑散としていましたが、台湾人による台湾各地を再評価する動きの影響か、近年は観光客が再び増えてきている印象です。

春陽温泉
| Chunyang Wenquan |
【Map（P152）／C＋2】

- 住所：南投縣仁愛鄉春陽村
- アクセス：「埔里」バスターミナルより、南投客運のバス・6661番「盧山温泉」行きで、約一時間二十分の「臺大農場前」下車、徒歩約二十分。なお、バス停付近にも数軒の施設があるが、キャンプ場を兼ねた施設は徒歩二十分の濁水溪付近に多い。

キャンプ場を兼ねた盧山温泉手前にある秘湯エリア

　左の盧山温泉の手前にある隠れた温泉。キャンプ場を兼ねた施設が多く、目前に流れる濁水溪の景色とも相まって野趣溢れる入浴を楽しめます。

　コアな温泉村なので、たいてい空いていますが、施設にスタッフがいないことも多いです。事前のアポイントは必須で行くようにしてください。

南投

清境農場
| Lushan Wenquan |
【Map (P152) ／C＋2】

●住所：南投縣仁愛鄉定遠新村25號
●アクセス：「埔里」バスターミナルより、南投客運のバス・6664番「清境農場」行きで、約一時間半の「清境農場旅服中心」下車すぐ。または、台鉄「台中駅」付近の「干城」バス停より、南投客運の直行シャトルバスもある。約一時間半。

台湾人にとっての避暑地的農場では
ひつじの毛刈りショーも

　南投と花蓮（P88）を結ぶ中横公路の途中にあり、左ページの霧社より約八キロの位置にある大きな丘が清境農場。年間を通して涼しい気候から、台湾人にとっての避暑地的な農場でもあります。

　一角の青青草原ではひつじの毛刈りショーがあり、お子さん連れならより楽しめることでしょう。

武嶺
| Wuling |
【Map (P152) ／C＋1】

●住所：南投縣仁愛鄉武嶺
●アクセス：「埔里」バスターミナルより、南投客運のバス・6658番「翠峰」行きに乗り、約一時間二十分の「國民賓館」下車すぐ。ここから、南投客運の シャトルバス・6658A番に乗り換え、約一時間の「武嶺」下車すぐ。

美しい山々を一望できる
車道の最高地点

　海抜三千二百七十五メートルで、台湾の車道では最も高い場所に位置する武嶺。

　天気の良い日には台湾の中央山脈、そして西側の清境、霧社一帯も一望できるほか、午後から夕方にかけては雲海を望めることも。台湾の山の高さを実感するには十分の名スポットです。

埔里酒廠
| Puli Jiuchang |
【Map (P152) ／B＋2】

●住所：南投縣埔里鎮中山路三段219號
●アクセス：台鉄「台中駅」より徒歩約七分の「干城」バス停より、南投客運のバス・6875、6899「埔里」行きで約一時間半の「埔里酒廠」下車すぐ。

紹興酒の匂いプンプン
酒飲み必見の施設

　水質の良い埔里では日本統治時代から酒造りが始まり、様々な酒が生まれましたが、特にポピュラーになったのが紹興酒。

　ここでは紹興酒を造る過程の見学ができる他、紹興酒を使ったスイーツなどもあります。紹興酒の匂いプンプンですが、酒飲みにはたまらない施設です。

広興紙寮
| Guang Xing Zhiliao |
【Map (P152) ／B＋2】

●住所：南投縣埔里鎮鐵山里鐵山路310號
●アクセス：台鉄「台中駅」より徒歩約七分の「干城」バス停より、南投客運のバス・6875、6899「埔里」行きで約一時間二十分の「崎下」下車、徒歩約二十分。

伝統的な紙すき体験が
できるスポット

　水が綺麗な埔里では酒だけではなく製紙業も盛んとなり、一時は五十以上もの製紙工場が存在したそうです。

　その歴史を知ることができ、伝統的な紙すき体験もできる場所がここ。自分で作った紙はもちろん持ち帰れる他、様々な紙の購入もできます。

紙教堂
| ZhiJiaotang |
【Map (P152) ／B＋2】

●住所：南投縣埔里鎮桃米里桃米巷52-12號
●アクセス：「埔里」バスターミナルより、台湾好行の＜トリップ日月潭Aまたは B＞「日月潭」行きで、約三十分の「桃米坑」下車、徒歩約五分。

神戸から埔里に渡った
ペーパードーム

　五十八本の紙筒の柱が、屋根を支えるというペーパードームがある施設。

　当初は神戸の教会に建てられたものでしたが、その後解体。台湾・日本双方の震災被害後の交流を背景に埔里に移設されました。園内は歩道が整っているので、散策も楽しいです。

台湾あるある　使い終わったトイレットペーパーを、ゴミ箱に入れることにいまだにちょっと抵抗がある。

日月潭

| Riyue Tan |

【Map（P152）／B＋2】

- 住所：南投縣魚池郷
- アクセス：高鉄（新幹線）「台中駅」より、台湾好行のバス・6670番「日月潭」行きで、約一時間半の「日月潭」下車すぐ。または、「埔里」バスターミナルより、複数のバス路線がある。

あまりにも有名な台湾最大の湖

台湾で最も大きな湖であり、屈指の景勝地としてあまりにも有名。湖の北側が太陽のカタチ、南側が月のカタチに似ているということからこの名前に。

遊覧船が運行されている他、手こぎボートもあり、湖側から近隣の景色を堪能することもできます。また、例年2〜3月には桜祭りが開催され、山桜が綺麗にライトアップされます。

湖に面したホテルも多くありますが、やはり定番の観光地なので総じて高め。事前によく調べてから行きましょう。

九族文化村

| Jiuzu Wenhua Cun |

【Map（P152）／B＋2】

- 住所：南投縣魚池郷大林村金天巷45號
- アクセス：高鉄（新幹線）「台中駅」より、台湾好行のバス・6670番＜日月潭線＞「日月潭」行きで、約一時間十五分の「九族文化村」下車すぐ。

日月潭近くの総合テーマパーク

上の日月潭からロープウェイでも行ける総合テーマパークで、台湾の五大遊園地の一つとして知られています。

水上ジェットコースター、大中小のアトラクションの他、原住民ショーなどもあり、楽しみながら地域の文化にも触れることができます。

竹山

| Zhushan |

【Map（P152）／A＋3】

- 住所：南投県竹山鎮
- アクセス：高鉄（新幹線）「台中駅」より、統聯客運バス・6188番「竹山」行きで、約一時間十五分の「竹山站」下車すぐ。

その名の通り、竹を用いた工芸品のメッカ

南投の中でも比較的古くから開発が行われた地域で、その名の通り竹を用いた工芸品が多く、椅子、カゴ、棚なども多く生産されています。

郊外にある竹山杉林渓森林遊楽区は、海抜千五十メートルにある景勝地。生い茂る木々に囲まれた森林浴を楽しめます。

東埔温泉

| Dongpu Wenquan |

【Map（P152）／B＋4】

- 住所：南投縣信義郷東埔村開高巷
- アクセス：集集線「水里駅」より、員林客運バス・6732、6740番「東埔」行きで、約一時間半の「東埔」下車、徒歩約二十分。

阿里山と玉山の間にあるブヌン族の温泉街

阿里山（P74）の北側、ブヌン族が多く暮らす信義郷の小さな温泉街。玉山（P76）の登山客の休憩地としてもよく利用されるところです。

また、温泉街には山で採れた山菜を原住民料理として出すレストランもあります。是非食事もセットで楽しんでください。

あるある　タクシーメーターの「ピーッ」という音が、結構な頻度で鳴っているような気がする。

その4 台東・花蓮 原住民が多く暮らす東部を行くの巻

西部や山間部を巡ったら、反時計周りに東部に行ってみましょう。電車または陸路で屏東方面から鬱蒼とした山を越え、台東側の太平洋が見えてきたときは、ちょっとした達成感を覚えるとともに、西部や山間部とは全く異なる空気も感じられるはずです。

めまぐるしく変わる台北から考えれば、まるで〝別の国〟かと思うほど、自然豊かな独特の空気が流れる台東。アミ族、プユマ族、ルカイ族、ブヌン族、パイワン族、タオ族といった地域に根付く原住民の奥ゆかしい文化に触れながら巡ってみると良いでしょう。

また、台東からさらに東部を北上すれば、花蓮が見えてきます。台東とはまた違う自然美の宝庫で、台湾屈指の景勝地・太魯閣を有する地域です。花蓮の太魯閣族、アミ族もまた気概を持ち併せた部族。無礼をしなければ、すぐに近しい関係になれるでしょう。これは個人的な話ですが、台湾の中で僕が最も敬意と親しみを持つ地域が花蓮です。

台東

| Taitung |

　台湾本島では、台北から最も遠い印象の台東。天候の影響をモロに受けやすく、交通網にも限りがあるため旅行者にとっては難易度が高い地域です。しかし、それでも豊富な自然を活かしたレジャースポット、温泉、原住民文化にまつわる名所が数多くあり、絶対にハズせないエリアでもあります。

●アクセス：台鉄「台東駅」界隈は、散策できる場所がほとんどなく、町の中心はかつて存在した「台東旧駅」(『旧台湾駅』とも言う)界隈。「台東駅」から「台東旧駅」界隈へは、鼎東客運のバス・8116番「台東總站」行きで、約三十分の終点「台東總站（台東バスターミナル）」下車すぐ。

台東の移動術
スポットごとに距離がある上電車移動は時間的制約も

　台東県内を電車で移動する場合、一本乗り過ごすと、次の電車が来るまで数時間待つ…なんてこともザラ。つまり旅行者にとっては、常に時刻表との戦いになるので、できればレンタカーで巡るのが良いでしょう。僕の体感では台湾国内で最も運転しやすいのが台東です。

　しかし、それでも電車移動をする場合には、さらに本数が限られる夜間の移動はしないことを前提に。また、タクシーも夜間は極端に少なくなり、無理に呼んだとしても市内からなのでベラボウな金額になりがちです。こういった点からも夜間移動はしないのがベターです。

台湾あるある　いかにも走り屋風のスポーツカーに、ゆるいキャラクターのステッカーが貼ってある。

台東

金崙温泉
| Jinlun Wenquan |

【Map (P153) ／E＋3】

●住所：台東縣太麻里鄉金崙村
●アクセス：台鉄「金崙駅」より、徒歩約七分の台東客運のバス停「金崙」より8138番「安朔國小（森永）」行きに乗り、約十分の「金崙温泉」下車すぐ。または、「金崙駅」より、徒歩約三十分。

原住民の村にある小さな温泉街

台東市内より南へ約四十キロ弱にある太麻里。パイワン族、プユマ族、アミ族が多く暮らすのどかな村の一角に、小さな温泉街があります。宿泊もお勧めですが、時間に限りがある場合は日帰りでも。

僕は丹堤温泉会館という清潔で景色が良い旅館を利用することが多いです。スタッフも親切で最高なのですが、急にドレッサーの鏡が逆さまに設置されていたりして（右）、そこも台湾らしくて好きです。

嘉蘭村
| Jialan Cun |

【Map (P153) ／D＋3】

●住所：台東縣金峰鄉嘉蘭村
●アクセス：台鉄「太麻里駅」より、付近の東64番道路を南下。太麻里溪と多利溪が交わるあたりが嘉蘭村の中心部。ここまでの所要時間、約一時間半。または、「太麻里駅」より、タクシーで約三十分。

原住民カルチャーに深く触れられる村

原住民文化に触れたい方にお勧めなのが、太麻里の隣・嘉蘭村の散策です。この村に金峰温泉という公共温泉があり、よく通っていたのですが、台風で全壊。現在は施設跡地付近に簡易温泉があるようです。見かけたら是非入ってみてください。

また、この村は原住民衣料の工場、原住民アクセサリーを作れる店、原住民料理を楽しめる店が数軒あります。気さくで気概のある方が多いので、コミュニケーションを取ると、旅がまた楽しいものになるはずです。

台湾あるある　台湾人はVネックのセーターが好きそうだ。

知本温泉

| Chihpen Wenquan |

【Map (P153)／E+3】

- 住所：台東縣卑南郷知本温泉風景區
- アクセス：「台東」バスターミナルより、鼎東客運のバス・8129 番「森林遊樂區」行きで、約五十分の「知本温泉」下車すぐ。または、台鉄「知本駅」より、同バスで約二十分の「知本温泉」下車すぐ。

台東イチの観光地で台湾屈指の温泉街！

日本統治時代には"チッポン温泉"と呼ばれた台湾屈指の温泉街。二〇〇九年、甚大な台風被害がありましたが、現在は活気を取り戻しています。

知本温泉界隈には大小いくつものホテルや旅館がありますが、お勧めは東台温泉飯店。温泉やSPAの他にプールもあり、長時間楽しむことができます。日帰りも可能ですが、ここは朝食もウマいので宿泊がお勧めです。

また、地域の商店は限りがあるので、食べ物、飲み物を持参しておくほうが良いでしょう。

富岡漁港

| Fugang Yugang |

【Map (P153)／E+3】

- 住所：台東縣台東市富岡街297號
- アクセス：台鉄「台東駅」より、台湾好行のバス・8101 番＜東部海岸線＞「三仙台遊憩區」行きで、約二十五分の「富岡港口」下車すぐ。または、「台東駅」「台東旧駅」付近より、タクシーで約二十分。

離島にもアクセスできる魚港

台東市内から約六キロにある富岡漁港。緑島（P104）や蘭嶼（P115）を行き来するフェリーの発着港で、台東ではまず知らない人はいない有名な港です。

離島に行く大勢の人でゴッタ返すことが多いですが、是非水揚げされた魚を見学してください。大胆に地面に並べられた大小の魚と、それを売り買いする様子は、見学するだけでも十分楽しいです。

また、港の近隣には数軒の海産食堂もあります。獲れたての新鮮な魚を食べてみてください。

台東

海浜公園
| Haibin Gonyuan |

【Map（P153）／E＋3】

- ●住所：台東縣台東市大同路
- ●アクセス：台鉄「台東駅」より、徒歩約一分の「台東火車站」バス停より、普悠瑪客運のバス＜市區循環線＞で、約二十分の「海濱公園」下車約すぐ。または「台東駅」より、タクシーで約十五分。または「台東旧駅」付近より、徒歩約十五分。

台東市内のランドマーク的公園
朝も夜も散歩にお勧め！

　中心街より徒歩数分の太平洋に面した公園。
　公園で朝日を浴びながら、台東の静かな朝を迎えるのもオツですが、夜間、ライトアップされる藤のモニュメント・国際地標もなかなか綺麗で良いので夜もお勧め。ただし、どこにいてもそうですが、夜間の女性の一人歩きにはご用心を。

台東糖廠
| Taitung Tangchang |

【Map（P153）／E＋3】

- ●住所：台東縣台東市中興路二段191號
- ●アクセス：台鉄「台東駅」より、台湾好行のバス・8101番＜東部海岸線＞「台東轉運站」行きで、約十分の「台東糖廠」下車すぐ。または、「台東」バスターミナルより、普悠瑪客運のバス＜市區観光循環線＞で、約二十分の「台東糖廠」下車すぐ。

旧製糖工場が原住民たちの
アートスポットとして再生

　日本統治時代から稼働した製糖工場の跡地。原住民芸術家たちのアート村としてリノベーションされ、今では人気の観光スポットになっています。
　芸術家たちの作品展示はもちろん、原住民アクセサリーなどのDIY体験もできます。彼らを真似してあなただけのアクセサリーを是非。

初鹿牧場
| Chulu Muchang |

【Map（P153）／E＋2】

- ●住所：台東縣卑南郷明峰村牧場1號
- ●アクセス：台鉄「台東駅」より、徒歩約一分の「台東火車站」バス停に乗り、台湾好行のバス・8168A番「鹿野高台」行きに乗り、約四十五分の「初鹿牧場」下車、徒歩約一分。または、「台東駅」より、タクシーで約三十分。

観光客多過ぎ問題はありつつも
やはり必見の台湾最大の斜面牧場

　オランダの乳牛を飼育する台湾最大の斜面牧場。観光ツアーに組み込まれることも多く、ときに観光客が多過ぎることがあるのが難点。
　それでも新鮮な牛乳、アイス、チーズなどは絶品で、牛乳を素材とした美容製品などもあります。やはり台東に来たら必須で訪れたいスポットです。

関山
| Guanshan |

【Map（P153）／E＋2】

- ●住所：台東縣關山鎮
- ●アクセス：台鉄「台東駅」より、区間車（各駅停車）で約四十五分の「関山駅」下車すぐ。または、「台東駅」より、タクシーで約一時間。関山米を使った弁当屋さんや食堂は駅前の民権路沿いに多い。

池上に次ぐ台湾屈指の米どころ
自然豊かでサイクリングにも最適

　台湾屈指の米どころは池上（P86）ですが、その隣町・関山も負けていません。台湾国内では池上米、関山米を二大ブランドとし、セットで販売されることもあるほど、関山米の評価も高いです。
　近年はサイクリングコースとしての人気も高い地域。是非自転車で稲田の間を走ってみては？

台湾あるある　行きの飛行機で一緒だった人が、帰りの飛行機でも一緒だった。

鹿野高台
| Luye Gaotai |

【Map (P153) ／E＋2】

● 住所：台東縣鹿野郷永安村高台路
● アクセス：台鉄「台東駅」より、台湾好行のバス・8168A番＜縦谷鹿野線＞「鹿野高台」行きで、約一時間。終点「鹿野高台」下車すぐ。または、台鉄「鹿野駅」より、同バスで約二十分。

気球やパラグライダーを体験できる高台

　お茶の産地として有名な鹿野に高台という広大な丘があります。ここでは気球、パラグライダー、斜面滑りなどを楽しむことができます。ただし、季節により営業していなかったり、営業時間が異なったり、事前予約が必要だったりするので、よく調べてから行ってください。

　しかし、仮に、気球やパラグライダーに乗れなかったとしても、この丘から望む鹿野の景色は素晴らしいもの。太平洋側とはまた違う、台東の豊かな自然を一望できます。

池上
| Chishang |

【Map (P153) ／E＋2】

● 住所：台東縣池上郷
● アクセス：台鉄「台東駅」より、太魯閣号、普悠瑪号、自強号（いずれも特急）で約三十分、区間車（各駅停車）で約一時間の「池上駅」下車、または、「台東駅」より、タクシーで約一時間十分。

ブランド米・池上米の産地でのんびりサイクリングを！

　甘くてモッチリした味わいで台湾全土に知られるブランド米・池上米。その産地として有名な場所ですが、その知名度の高さに反し、駅周辺は実にのんびり。お弁当屋さん、お米屋さんなどが並ぶ他は商店が少なく、少し歩いただけで広大な自然が広がります。

　また、駅から約三キロほどの伯朗大道という有名な道では、田んぼの景色を観ながらのサイクリングが人気。自転車で周辺を巡ればより一歩池上を身近に感じられるかも？

台湾人は意外とクラシックの音楽が好き。

台東

池上牧野度假村
| Chishang Muye Dujiacun |
【Map (P153)／E＋2】
●住所：台東縣池上郷新興村110號
●アクセス：施設利用者は、三日前までに予約することで、台鉄「池上駅」より、送迎あり。または、「池上駅」より、タクシーで約七分。

台東の自然が詰まった宿泊もできるリゾート村

日本統治時代から続く台糖が運営するリゾート村で、東部に長期滞在するなら是非一泊は過ごしたい施設です。

バーベキューエリア、牛や羊と遊べるエリアなどがあるので、台東の自然をより身近に感じられるはず。お子さん連れの家族旅行ならなおのことお勧めです。

東河
| Donghe |
【Map (P153)／F＋2】
●住所：台東縣東河郷
●アクセス：台鉄「台東駅」より、台湾好行のバス・8101番「三仙台遊憩區」行きで、約一時間十分の「東河包子」下車すぐ。

台湾屈指のサーフスポット格安ゲストハウスも！

台湾はサーフィンも盛んですが、その代表的ポイントが東河。周辺にはサーフショップが数軒あり、ボードやウェットスーツのレンタルもあるので手ぶらで楽しむこともできます。

また、サーファー向けの格安ゲストハウスもあるので、安く滞在したい方にもお勧めです。

成功
| Chenggong |
【Map (P153)／F＋2】
●住所：台東縣成功鎮
●アクセス：台鉄「台東駅」より、台湾好行のバス・8101番「三仙台遊憩區」行きで、約一時間半の「成功總站」下車すぐ。

東部最大の漁港散策と海沿いの宿泊がお勧め

東部最大の漁港がある成功。カジキやカツオなどが獲れ、近隣には海鮮食堂も沢山あります。是非ご賞味を。

また、成功付近には海岸に面したB&Bやゲストハウスがあります。アクセスはやや不便ですが、格安の割に景色・施設ともに綺麗なところが多いです。

三仙台
| Sanxiantai |
【Map (P153)／F＋2】
●住所：台東縣成功鎮港辺路21號
●アクセス：台鉄「台東駅」より、台湾好行のバス・8101番「三仙台遊憩區」行きで、約一時間四十分の終点「三仙台」下車すぐ。または、台鉄「池上駅」より、タクシーで約四十分。

ベタだが、避けて通れない東部のシンボリックなスポット

中国・八仙のうちの三人が訪れたという伝説により、この名になった三仙台。東部の象徴的な景色の一つで観光写真でもよく目にする場所です。

アーチ型のかわいい橋を渡れば、離島の散策もできます。ただし、離島は案外広く、散策には小一時間あっても足りないかもしれません。

金剛大道
| Jingang Dadao |
【Map (P153)／F＋1】
●住所：台東縣長濱郷長光社區
●アクセス：台鉄「台東駅」より、徒歩約一分の「台東火車站」バス停より、台東客運のバス・8103「成功」行きに乗り、約一時間半の「成功總站」で下車。台東客運のバス・8101,8102,8119番「靜浦」行きに乗り換え、約四十分の「長光」下車、徒歩約二十分。

池上の伯朗大道とはまた違う海岸に伸びるサイクリング道

アミ族が多く暮らす村・長浜郷に金剛大道というサイクリング道があります。右ページの池上の伯朗大道に近い印象ですが、こちらは海岸に向かって道が伸び、池上とはまた違う景色です。

また、付近の長光には民宿や食堂もあり、東部縦断の休憩地として立ち寄るのも良さそうです。

台湾あるある　水か、ものすごい熱湯かのどちらかしか出ないシャワーがある。

其の4 原住民が多く暮らす東部を行くの巻

花蓮

| Taitung |

地元のご老人の間では今なお"カレンコ（花蓮港）"と呼ばれる中心地には、日本家屋が沢山残る上、郊外には海、山、そして太魯閣渓谷といった台湾屈指の景勝地があります。冬場には雪も降ります。台北しか行ったことがない方にとっては、台湾という島の先入観を覆すであろう大自然ばかりです。

●アクセス：【台鉄「花蓮駅」へ】台鉄「台北駅」より、太魯閣号、普悠瑪号、自強号（いずれも特急）で約二時間半、区間車（各駅停車）で約三時間半〜四時間。または、「台北駅」バスターミナルより、複数のバス路線で約四時間。台鉄「台東駅」より、太魯閣号、普悠瑪号、自強号（いずれも特急）で約一時間四十分〜二時間半、区間車（各駅停車）で三〜四時間。

花蓮の移動術　山間部の移動は観光ツアーか、タクシーチャーターかの二択

台東（P82）同様、花蓮もレンタカーがあると便利ですが、自然豊かな反面、特に山間部は道が険しく、運転に慣れていない方は控えてください。

ではどのように移動し、観光すべきか。これは観光ツアーに入るか、現地のタクシーをチャーターするかの二択となります。ただし、観光ツアーは移動に制限があることと、コアな場所を巡りたい場合は不向きですので、ここでは現地のタクシーのチャーターをお勧めします。

特にP96で紹介する曾さん一家のタクシーは、有名な観光スポットはもちろん、山岳部を熟知しているのでお勧めです。是非ご利用ください。

台湾あるある　道を歩いていると、タクシーがクラクションを鳴らしてきて「乗らない？」と誘ってくる。

花蓮

清水断崖
| Qingshui Duanyai |

【Map（P154）／C＋1】
● 住所：花蓮縣秀林郷崇徳村
● アクセス：台鉄「花蓮駅」より、花蓮客運のバス・1132番「崇徳」行きで、約一時間十分の終点「崇徳」下車、徒歩約十分。または、「花蓮駅」より、タクシーで約五十分。

あまりにも有名な
台湾屈指の絶景スポット

　花蓮から北に向かう臨海道・蘇花公路は、まるで岩と岩の間をめぐるような険しい道で、移動そのものがスリル満点です。
　この蘇花公路に面した断崖絶壁の場所が清水断崖です。台湾の絶景の筆頭とも言うべき場所で、眼下の海岸まではなんと約八百メートルもあります。僕は高所恐怖症なので直接下を見ないようにしていますが、その大理石と海岸のトルコブルーは確かに鮮やかで美しいです。是非太魯閣観光とセットで行ってみてください。

砂卡礑
| Shakadang |

【Map（P154）／C＋1】
● 住所：花蓮縣秀林郷砂卡礑歩道
● アクセス：台鉄「花蓮駅」より、台湾好行のバス・1133A番「天祥」行きで、約一時間の「砂卡礑」下車すぐ。または、「花蓮駅」より、タクシーで約一時間。

知る人ぞ知る太魯閣の
プレイスポット

　太魯閣には様々な名所がありますが、大半は絶壁を眺めたり、壮大な自然を見学するもの。そんな太魯閣にあって唯一川面に降りて遊べる場所、それが砂卡礑です。有名な砂卡礑歩道の途中に、歩道自体が川辺に近くなる場所があり、天候が良い日は歩道から川辺に降りて、遊ぶことができます。
　ただし、天候の影響を受けやすい場所でもあります。個人の判断では降りず、地元の人、もしくは台湾人と一緒に行くようにしてください。

台湾あるある　テレビのバラエティ番組は、ビヨヨヨンみたいな効果音を使い過ぎる。

其の4 原住民が多く暮らす東部を行くの巻

錐麓古道

| Zhuilu Gudao |

【Map (P154)／C＋1】

- 住所：花蓮縣秀林鄉燕子口隧道
- アクセス：台鉄「花蓮駅」より、台湾好行のバス・1133A番＜太魯閣線＞「天祥」行きで、約一時間十分の「燕子口」下車、徒歩約三分。

**立ち入り制限がある標高七百五十六メートルへの道
行かれる方は許可申請をし、万全に次ぐ万全の注意を**

太魯閣族が開拓した歩道で、標高七百五十六メートルの頂上に辿り着くまで片道約四〜五時間。途中、道幅が一メートルほどになる場所もあり、足を踏み外し命を落とした旅行者も数多いとか。

頂上に着けば言葉にできない感動があるはずですが、間違いなく台湾イチ危険な道と言って良いでしょう。行かれる方は必ず地元の方と。そして、万全に次ぐ万全の注意をはらってください。

090　台湾あるある　車道に犬が飛び出して危ない！　と思ったら、すぐに引っ込んでいった。

花蓮

天祥
| Tianxiang |

【Map（P154）／C＋1】

●住所：花蓮縣秀林鄉富世村13鄰天祥
●アクセス：台鉄「花蓮駅」より、台湾好行バス・1133A番「天祥」行きに乗り、約一時間半の終点「天祥」下車すぐ。

太魯閣観光の最終地 山と平野とを結ぶ拠点

　太魯閣観光で様々な名所を巡りますが、おおむねその終着地点となるのがこの天祥。

　約二百年前に太魯閣族の間で"タピト"と呼ばれた地域で、日本統治時代には行政機関、学校、療養所もあった場所。山岳地域と平野部との移動、交流の拠点となっていたようです。

新白楊
| Sinbaiyang |

【Map（P154）／B＋1】

●住所：花蓮縣秀林鄉新白楊
●アクセス：左の「天祥」より、タクシーで約四十五分。または、台鉄「花蓮駅」より、タクシーで約二時間十五分。付近は山のみなので、あくまでも中継地として訪れること。

中部横貫公路の 険しい旅がここから

　太魯閣から南投（P77）へ続く中部横貫公路（台8号線）は運転が難しい道ですが、右の合歓山などを目指す場合、避けて通れない道でもあります。

　険しい山間を行くにあたり、最初に休める場所が新白楊。これからの移動が安全であるようここで山の神様に祈りましょう。

合歡山
| Hehuan Shan |

【Map（P154）／B＋1】

●住所：花蓮縣秀林鄉富世村關原
●アクセス：左の「天祥」より、タクシーで約二時間半。または、台鉄「花蓮駅」より、タクシーで約四時間半。合歡山歩道などの散策スポットは南投にまたがるエリアにある。

トレッキングも楽しめる 風光明媚な山

　南投と花蓮の境にある合歡山群峰。台湾の他の山々に比べれば歩きやすく整備されているため、トレッキングを楽しめます。

　とはいえ、やはり山は山。傾斜面に次ぐ傾斜面で、体がよろけてしまうことも。登山用の杖などを持参してトライするのが良さそうです。

三棧渓谷
| Sanzhan Xigu |

【Map（P154）／C＋1】

●住所：花蓮縣秀林三棧溪風景區
●アクセス：台鉄「花蓮駅」より、＜北廻線＞「蘇澳新駅」行きに乗り、約三十分の「景美駅」下車。駅前付近の三棧路を北に道なりに行き、徒歩約五分。または「花蓮駅」より、タクシーで約三十分。

灯台下暗し？　太魯閣の手前の アクセスしやすい知られざる秘境

　花蓮から太魯閣に向かう左側、新城のあたりにある、トルコブルーの水面が美しい絶景ポイント。天候が良い日には、この綺麗な川で水遊びを楽しむことができます。

　ただし、やはり自然相手には変わりないので、周囲に人がいるときに遊ぶようにしてください。

七星潭
| Qixingtan |

【Map（P154）／C＋2】

●住所：花蓮縣新城鄉七星潭
●アクセス：台鉄「花蓮駅」より、台湾好行のバス・1133A番＜太魯閣線＞「天祥」行きで、約十五分の「七星潭」下車すぐ。または、「花蓮駅」より、タクシーで約十五分。または、台鉄「北埔駅」より、タクシーで約十分。

ここでデートをすると結ばれるという 花蓮を代表する美しい海岸

　中心街からアクセスしやすい有名な海岸。海岸のすぐ陸側が台湾軍の基地で、飛行機の轟音がうるさいのが難点ですが、海岸は何時間でも眺めていられるほどの美しさです。

　また、デートスポットとしても人気が高く、ここでデートすると必ず結ばれるという言い伝えも。

台湾あるある　台湾の深い山奥に行くと、もう帰れないのではないかとふと不安になる。

美崙山公園
| Meilunshan Gonyuan |

【Map (P154)／C＋2】
●住所：花蓮縣花蓮市尚志路25-2號
●アクセス：台鉄「花蓮駅」より、徒歩約四十分。または、「花蓮駅」からタクシーで約十五分。ミッキー風巨大像は一角の新興路沿いにある。

忠烈祠がある公園に
ミッキー風の巨大像が！

花蓮ではかなり有名な公園ですが、何故かその一角にミッキーマウス風の巨大像があります。

この感じがいかにも台湾的で僕は大好きですが、何かと厳しいこのご時世。「壊されていないか」と心配になり、花蓮に行く度にわざわざ見に行ったりしています。

東大門夜市
| Dongdamen Yeshi |

【Map (P154)／C＋3】
●住所：花蓮縣花蓮市中山路50號
●アクセス：台鉄「花蓮駅」より、太魯閣客運のバス・301番＜循環路線＞で約二十分の「東大門夜市」下車すぐ。重慶路と南濱路の間の一角にある。

お酒もある！
花蓮の超充実の新夜市

イマイチ夜市の元気がない花蓮でしたが、新たな夜市が誕生。それが中山路の東大門夜市です。

飲食店、子ども向け遊具などがあるのは他の夜市と同様ですが、花蓮らしく原住民ショーがあったり、他ではなかなか見かけないお酒を出すバーがあるのは酒飲みには有り難いです。

白鮑渓
| Baibao Xi |

【Map (P154)／B＋3】
●住所：花蓮縣壽豐鄉池南路五段
●アクセス：台鉄「花蓮駅」より、花蓮客運のバス・1139番「壽豐」行きで、約四十五分の「白鮑渓橋」下車すぐ。または、台鉄「平和駅」より、徒歩約十五分。

鯉魚潭近くにある
翡翠が採れる美しい川

鯉魚潭の近くの川で、翡翠が採れることでも知られる場所。浅瀬なので天候が良い日は小さなお子さんも一緒に遊べます。

また、川底には綺麗な石がゴロゴロあり、近くの石屋さんに持っていくと、ドリルで石に穴を開けてアクセサリーにしてくれます。

雲山水湿地
| Yunshan Shui Shidi |

【Map (P154)／B＋2】
●住所：花蓮縣壽豐鄉豐坪路二段42-2號
●アクセス：台鉄「花蓮駅」より、台湾好行のバス・303番「大農大富平地森林園區站」行きに乗り、約五十分の「豐華再現館（雲山水）」下車、徒歩約十三分。

水面に映り込む
景色が美しい湖畔

湖畔にある癒しの行楽地。湖の水面に景色が反射して映り出されることから、美しいもの好きの台湾人観光客の間で人気の観光地に。

森林に囲まれた広大な敷地は散策するだけで癒されますが、B&Bもあり、宿泊することもできます。

林田山林業文化園区
| Lintianshan Linye Wenhua Yuanqu |

【Map (P154)／B＋3】
●住所：花蓮縣鳳林鎮森榮里林森路99巷99號
●アクセス：台鉄「花蓮駅」より、台湾好行のバス・303番「大農大富平地森林園區」行きで、約七十五分の「林田山林業文化園區」下車、徒歩約五分。

東部の林業開発の歴史を
辿れる貴重な場所

日本統治時代は"もりさか"と呼ばれた林田山。かつては台湾の三大林場の一つでしたが、一九九〇年に天然林の伐採が禁止されてからは文化園区に。

園内にはかつて使われていた列車の線路や日本家屋も多く残されており、台湾の林業の歴史を体感することができます。

花蓮観光糖廠
| Hualien Guanguang Tangchang |

【Map (P154)／B＋3】
●住所：花蓮縣光復郷大進村糖廠街19號
●アクセス：台鉄「光復駅」より、徒歩約十五分。または、タクシーで約五分。台鉄「花蓮駅」より、台湾好行のバス・303番＜縱谷花蓮線＞で、約一時間半の「花蓮観光糖廠」下車すぐ。

日本統治時代の
職員宿舎に泊まる！

日本統治時代に設立された花蓮糖廠。二〇〇二年に製糖の役目を終えた後、その歴史を残す観光施設として生まれ変わりました。

日本統治時代から続いた職員用宿舎なども綺麗にリノベーション。旅行者の宿泊施設として開放しています。

花蓮

慕谷慕魚
| Mukumuyu |

【Map（P154）／B＋2】
- 住所：花蓮縣秀林郷榕樹
- アクセス：台鉄「花蓮駅」より、花蓮客運のバス・1131番「銅門」行き、または、1139番「壽豐」行きに乗り、約一時間の「榕樹」下車すぐ。

台湾人も知らない？
水遊びができる美しい川

　台湾人でもなかなか知らない秀林郷の隠れた場所。天候の良い日には、川で水遊びができる綺麗な川で、僕が行った夏場には地元の男の子たちが度胸試しで川面に飛び込んでいました。
　ただし、この一帯は入山許可証が必要。必ず申請してから行くようにしましょう。

牛山呼庭
| Niushan Huting |

【Map（P154）／C＋2】
- 住所：花蓮縣壽豐郷牛山39-5號
- アクセス：台鉄「花蓮駅」より、花蓮客運バス・8119番「台東」行きに乗り、約一時間十五分の「牛山」下車。丘から海岸方面に降り、徒歩約二十分。

静かな海岸で
贅沢なひとときを

　太平洋を一望できる牛山瞭望台から、海に向かって下っていくと、まるでプライベートビーチのような海岸にたどり着きます。ここが牛山呼庭です。
　海岸は石が多いですが、静かで眺めが素晴らしいです。また、宿泊施設もあるので、一泊丸々海岸で過ごすのも良さそうです。

新社
| Xinshe |

【Map（P154）／B＋3】
- 住所：花蓮縣豐濱郷新社村
- アクセス：台鉄「花蓮駅」より、花蓮客運のバス・1127番「台東」行きで、約一時間二十分の「新社」下車すぐ。または、台鉄「光復駅」より、タクシーで約四十分。

クバラン族の文化に触れ
キラキラの水田を一見！

　クバラン族が多く暮らす新社には太平洋に面した広大な水田があります。天気の良い日、稲がキラキラ光る景色は一見の価値ありです。
　また、新社ではクバラン族のアートやバナナ繊維を使った工芸も盛ん。自然と文化の探訪を楽しめます。

石梯坪
| Shitiping |

【Map（P154）／B＋3】
- 住所：花蓮縣豐濱郷石梯坪
- アクセス：台鉄「花蓮駅」より、花蓮客運のバス・1127番「台東」行き、または、1140番「靜浦」行きで、約一時間四十五分の「石梯坪遊憩區」下車すぐ。または、台鉄「富源駅」より、タクシーで約一時間。

東部の珍景の筆頭＋
ダイビングのメッカ

　長短の岩盤が階段状に海岸に突入しているという珍しい景色と併せて、ダイビングや磯釣りのメッカとしても知られる石梯坪。東部の人たちの間では割と知られた名所ですが、日本人はもちろん観光客はあまりいませんので、観光地ズレしていないのも魅力の一つと言って良いでしょう。
　また、僕は未体験ですが、近隣にキャンプサイトもあるようです。無数の星を見ながらキャンプで一泊というのもかなり贅沢な時間を過ごせそうです。

台湾あるある　エレベーターが入口フロアよりややズレて止まった。

六十石山
| Liushishi Shan |

【Map (P154) ／B＋4】

- 住所：花蓮縣富里鄉竹田村
- アクセス：台鉄「東里駅」より、タクシーで約三十分。または、台鉄「東里駅」より、タクシーで約三十五分。いずれにしても自動車でアクセスする場所なので、タクシーまたは、レンタカーを利用する。

花蓮の代表的なお花・金針花メッカの山は一日がかりで散策を

花蓮の代表的なお花・金針花。薄オレンジのお花で、食用としても使われます。その金針花のメッカが六十石山。美しい山の景色に対して、登るのは意外とハードなので、一日がかりでの散策を。

頂上まで登ると、採れたての金針花を使った料理店などもあるので、是非ご試食ください。

瑞穂温泉
| Ruisui Wenquan |

【Map (P154) ／B＋3】

- 住所：花蓮瑞穂郷舞鶴村
- アクセス：台鉄「花蓮駅」より、太魯閣号、普悠瑪号、自強号（いずれも特急）で約一時間、区間車（各駅停車）で約一時間四十分の「瑞穂駅」下車、タクシーで約十分。または、「瑞穂駅」より、徒歩約三十分。

鉄の香りがプンプン！つい長湯してしまう温泉

静かな村の中の小さな温泉街。泉質は鉄を含んでおり、周辺には鉄っぽい香りがプンプン。

この界隈は、はっきり言って温泉以外何もないですが、瑞穂全体を見渡せばラフティング、トレッキングなどのスポットがあります。こういったレジャーと併せて訪れてみると良さそうです。

紅葉温泉
| Hongye Wenquan |

【Map (P154) ／B＋3】

- 住所：花蓮縣萬榮郷紅葉村
- アクセス：太魯閣号、普悠瑪号、自強号（いずれも特急）で約一時間、区間車（各駅停車）で約一時間四十分の「瑞穂駅」下車、タクシーで約十五分。

山間に佇むシノワズリ＋ジャパネスク（？）温泉

上の瑞穂温泉から約三キロ。紅葉渓のほとりにある温泉です。瑞穂温泉とは泉質が異なるので、セットで訪れるのも良いかも。

最も古い紅葉温泉旅社は、日本統治時代に建てられた施設で、まるでシノワズリ＋ジャパネスクのような佇まい。日帰りでも宿泊でも利用できます。

掃叭石柱
| Saoba Shizhu |

【Map (P154) ／B＋3】

- 住所：花蓮縣瑞穂郷舞鶴段204-5號
- アクセス：台鉄「瑞穂駅」より、花蓮客運バス・1137番「富里」行きに乗り、約十分の「掃叭頂」下車、徒歩約三分。

台湾版ストーンヘンジは約三千年前の二つの石柱

瑞穂・舞鶴村の高台の公園に二つの石柱が建っています。この石柱はアミ族のモニュメントであり、考古学者により約三千年以上前のものだという判定もなされたそうです。

言わば台湾版ストーンヘンジ。石柱の神秘を感じつつ高台からの景色も楽しめる名所です。

玉里
| Yuli |

【Map (P154) ／B＋4】

- 住所：花蓮縣玉里鎮
- アクセス：台鉄「花蓮駅」より、太魯閣号、普悠瑪号、自強号（いずれも特急）で約一時間二十分、区間車（各駅停車）で約二時間の「玉里駅」下車すぐ。

食材豊富で温泉もある村地域キャラの熊も話題に

瑞穂の南側にある玉里は、水が綺麗で温暖という立地から農業が盛んな地域です。また、温泉や玉里麺という名物料理もあるので是非長時間の滞在を。

また、最近は、地域キャラの熊が登場。熱心なプロモーションがされており、台湾人旅行者の間で話題のようです。

筆で書かれた、流れるような格式高い文字が多い。

column

地図に載らない山奥に 家があった！

太魯閣の奥にある鶴寿居という山奥に、曾さんの祖先が暮らしたという老家がありました。

台湾の兄貴分・太魯閣族の曾さん

　花蓮で暮らす太魯閣族の曾さんは、僕にとって台湾の兄貴分的な方。曾さんとの出会いを話すと長くなるので割愛しますが、僕が東部に行くときは必ず会い、一緒にご飯を食べたり、お家に泊めてもらったり、逆に曾さんの家族が日本に遊びに来たときは僕が案内したりという、家族ぐるみのお付き合いをしています。

　これまで曾さんから花蓮〜太魯閣の名所は教えてもらっているのですが、先日、花蓮を訪ねた際、僕の下手クソな中文で「さらに深いところに行ってみたいんですが。前に聞いたことのある曾さんの祖先が住んでいた、山の中にある家には行けませんか？」と聞いてみました。

　すると、「老家ね。ただ、四十分くらい山道を歩くから日本人の君には難しいと思うよ（笑）」とからかうように言う曾さん。しかし、こう言われると、余計に行きたくなります。曾さんに無理を承知で、その山の中にあるという老家へと案内していただくことになりました。

　ご存知の通り、太魯閣は台湾屈指の景勝地。丸一日を使って巡る太魯閣観光が人気ですが、観光客が巡るのはだいたい天祥（P91）まで。この天祥から、中部横貫公路をさらに進むと急に人影が少なくなり、ウネウネした山道になります。

　このウネウネの山道を十五キロほど行くと、曾さんのひいおじいさんから続く"老家"がある鶴寿居という地域にたどり着きます。

地図に載らない曾さんの老家

　しかし、この鶴寿居という場所、曾さんによれば「太魯閣族以外誰も知らないし、誰も辿りつけない場所」だそうです。

　試しにインターネットで調べてみても、鶴寿居という名前ではヒットがありません。かろうじてGoogle Mapで付近にこの名前が表示されるだけで、地図にはいっさい出てきません。もちろん、僕が信頼する戸外生活の地図『台湾遊透透地図王』（P139）も同様です。

　曾さんは鶴寿居の手前の、鶴寿居が微かに見える山道で車を停め改めて僕に言いました。「見える？　あの一角だよ。本当に行ける？　この山をかき分けて四十分かかるのわかるでしょ（笑）？」

　確かに遠くに見える鶴寿居まではかなり大変そ

うで、正直行けるかどうか自信がなくなりました。しかし、ここで断念するわけにもいきません。

改めて「大丈夫。行ける！」と曾さんにお願いをすると、曾さんはやや険しい表情になり、いきなり「ワァオ！」と、山奥にまで通る声で叫びました。

その声は近隣の山々にこだましました。想像ですが、曾さんは「今から日本人の友だちを連れていきます」と、祖先、そして山の神様に挨拶をされているのかもしれないな、なんて思いました。

「ワァオ！」と叫ぶ曾さん。

木々を切り分けながら鶴寿居へ

中部横貫公路の途中より、曾さんと山の中に入り、いよいよ鶴寿居へと目指すことになりました。曾さんは立ちはだかる木々をカマで切り分けながら進んでいきます。

曾さんが何を目印にして山を進んで行くのか、僕には全くわかりませんでした。道なき道を切り分けながら村を目指し足早に進んでいく曾さんを、見失わないように追いかけていくだけで必死です。

二十メートルほど山を進んだだけで、すぐにゼェゼェ息を切らしてしまい、その度に曾さんが止まり振り返って苦笑いします。「だから言ったろう（笑）。大変なんだよ、老家に行くのは」。

山の中をカマで切り分けながら進み、鶴寿居を目指します。

太魯閣族のガヤとは？

山の中を進むこと四十分。ヒザが笑い始めた頃、ようやく木々を抜け、曾さんの祖先がいた鶴寿居の老家に辿りつきました。そこには古い民家が二軒あります。片方は築二百年以上、片方は比較的新しく百年ほどだと言います。

曾さんは百年のほうの家の軒先で、タバコ三本に火をつけ、米酒を指につけ宙に軽くまきました。タバコ三本は亡くなったお父さん、おじいさん、ひいおじいさんへの供養。お酒を宙にまくのは、山の神様への挨拶のようで、曾さんは「これは太魯閣族のガヤ（儀式）だ」と言いました。

珍しそうに僕が見ていると、「お前もやれ」と言うので真似をしてやってみました。もちろん、曾さんの祖先と山の神様に、失礼がないよう心の

築二百年以上の曾さんの老家。逞しく建っていました。

中で「お邪魔します」という気持ちを込めて。

曾さんはお酒を飲まないのですが、酒飲みの僕のために、実は台湾ビールを仕込んで持ってきてくれていました。台湾ビールを飲みながら、山や村、そして原住民の話を聞きました。中文が下手クソな僕のために、曾さんはできるだけわかりやすい言葉で教えてくれます。

曾さんによれば、この一帯の山は全て曾家のものだそうです。しかし、太魯閣族の言い伝え、そしてプライドとして土地を売ることは絶対にできないのだそうです。「曾さん、財産たくさんある。でも金はない（笑）」と、日本語で笑う曾さんでしたが、これだけ広大な山々の中で暮らすということは容易ではないものの、都会人とはまったく異なる、人としての豊かさを感じました。

…と、山と太魯閣族の空気に深く触れ、感動する僕でしたが、曾さんから「そろそろ戻ろう」と言われても、さっき通った険しい山道をまた戻るのかと思うと、ビールのほろ酔いも手伝い、なかなか腰が上がらなかったりもするのでした。

花蓮〜太魯閣観光はタクシーチャーターがお勧め！

曾さんとその家族は、普段は花蓮〜太魯閣を中心とした観光タクシーを運営しています。本コラムで書いた通り、界隈の裏の裏まで知る曾さん一家なので、特に自然に関する散策は最も深い案内をしてくれるはずでしょう。曾さんは日本語を少々喋ることができる上、他のスタッフも英語などができます。ご利用される際は、下記Facebookの窓口より直接お問い合わせください。それでも不安な面があれば僕までご連絡いただければ、できる限りご案内・ご紹介いたします（松田義人／info@deco-tokyo.com）。

花蓮觀光旅遊包車古小姐　　https://www.facebook.com/mom88168

その5 本島から飛び出して離島を行くの巻

澎湖・小琉球・緑島・馬祖・金門

ここまで読んでくださった方は、いかに台湾が自然豊かで様々な慣習や風土を持った島かをおわかりいただけたかと思います。なのですが、これだけでは終わりません。本島から飛び出して離島に行ってみれば、さらに地域ごとにまた違う台湾の表情を感じることができます。

台湾人の間で"台湾のハワイ"と言われることもある夏のリゾートとグルメが満載の澎湖。ごく小さい島でありながら、その歴史と逸話はかなり深い小琉球。島の美しさと併せて、台湾人にとっては人権の象徴としても知られる緑島。穏やかな空気が流れつつも、長かった大陸との戦争の影が今なおあちこちに残る馬祖。さらに戦争と伝統が各所で交錯する金門──。

本島の各地域と比べても、「どこと似ている」「どこっぽい」とは絶対に言えない強い個性を持つ離島ばかりが、台湾にはあります。

各離島へのアクセス、離島内での移動は難しい場合も多いですが、その苦労をもってしても行ったほうが良いところばかり。ここでは、これら台湾の各離島と名所をご紹介します。

澎湖
| Penghu |

　ポルトガル人が台湾を指して「イラ・フォルモサ（美麗島）」と名付けたことは有名ですが、一方彼らは澎湖を指して「イラ・ペスカドーレス（漁師島）」と呼んだそうです。大小九十にも及ぶ島々があり、ビーチアクティビティの他、絶景やグルメも豊富なので、特に夏場は大人気の観光地です。

澎湖

● アクセス：【澎湖「馬公空港」へ】台北「松山空港」より、華信航空、立榮航空などで約一時間。台中、台南、高雄、金門などの各空港からも発着便あり。【澎湖「馬公港」へ】嘉義「布袋港」より、凱旋海運のフェリー「馬公港」行きで、約八十分（秋冬などのオフシーズンは運休）。

澎湖の移動術
はっきり言って超大変！七美、望安はツアーが現実的

　澎湖本島エリアには公共バスがありますが、観光で回るには不向きです。また、タクシーもありますが、流しは少ないです。この事情を考えると、やはりレンタバイクかレンタカーで巡るか、いっそツアーに入るのが良いでしょう。

　また、美しい海岸や絶景スポットがある七美（P101）、望安（P101）へはフェリーを乗り継いで行くことになりますが、こちらはさらに個人移動が困難。事前知識なく行くと、大変なことになるので要注意です。七美、望安に行く場合は、馬公（P99）からフルセットで行ける観光ツアーに参加するのが現実的です。

澎湖

馬公
| Magong |

【Map（P157）／E＋2】

●住所：澎湖縣馬公市
●アクセス：「澎湖空港」より、綠線、太武線等の複数のバス路線で約三十分の「馬公」バスターミナル下車すぐ。または、「澎湖空港」より、タクシーで約二十分。

澎湖諸島を巡る際の拠点！

　台湾本島から澎湖に訪れる大半の人が、まず中心地・馬公に降り立ちます。

　宿泊事情は良好で、格安で設備が整ったホテルや旅館が多いです。ただし、オンシーズンとなる夏場は埋まりがちになるので、フラッと行くのは危険。事前予約は必須です。

中央老街
| Zhongyang Laojie |

【Map（P157）／E＋2】

●住所：澎湖縣馬公市中央街
●アクセス：「馬公」バスターミナルより、民族路を南下。百五十メートルほどにある惠民路を左折し、五十メートルほどにある。所要時間、徒歩約五分。

大切に守られ続けるロマンチックな老街

　馬公は台湾本島とは全く異なる景観が多いですが、中央老街は特に顕著です。

　明・清朝の町並みが再現されており、近くの中正路の賑やかさとは対照的に静かでロマンチック。台湾最古の廟、天后宮も近くにあるので滞在の際は必ず立ち寄ってください。

篤行十村
| Duxingshi Cun |

【Map（P157）／E＋2】

●住所：澎湖縣馬公市新復路二巷
●アクセス：「馬公」バスターミナルより、民族路を南下。中山路を右折し、さらに八百メートルほどにある。所要時間、徒歩二十五分。

日本ともゆかり深い歴史ある集落

　中央老街から近い集落で、日本軍の防衛要塞があった場所。後に国民党軍によって軍人専用として建築されましたが、その住居が残っています。

　住居は主に岩、石、土、竹によって建築された中華スタイル。でも、中には不思議と日本式を感じさせるものもあります。

山水沙灘
| Shanshuei Shatan |

【Map（P157）／F＋2】

●住所：澎湖縣馬公市山水里
●アクセス：「馬公」バスターミナルより、澎湖県のバス・黄線・山水線「山水」行き、または、風櫃線「風櫃」行きで、約二十五分の「山水沙灘」下車、徒歩約三分。または、「馬公」バスターミナルより、タクシーで約二十分。

本島エリアから最も行きやすい美しい海岸

　アクセスのしやすさから、澎湖ではよく知られた海岸。夏場には多くの観光客が訪れます。

　近隣には民宿、カフェ、バーベキュー場などもありますが、個人的なお勧めは西側の30高台というエリア。ここからこの山水沙灘を見下ろすと、その美しさを一望できます。

奎壁山
| Kuibishan |

【Map（P157）／F＋1】

●住所：澎湖縣湖西鄉26-1號
●アクセス：「馬公」バスターミナルより、澎湖県のバス・綠線・龍門線の巡回バスで、約三十分の「南寮東站」下車、徒歩二十分。または、「馬公」バスターミナルより、タクシーで約四十分。

澎湖の海が突然割れ始め静かに道が開け出す

　干潮時に海が割れ始めて道が開けるという、いわゆる「モーセの海割り」がそのまま楽しめる場所。完全に海が割れると、道をつたって赤嶼という無人島まで歩いていくことができます。

　澎湖の名スポットの一つですが、干潮時刻は日によって異なるため、事前に念入りなチェックを。

台湾あるある　横にスライドさせるタイプのカミソリが手を切りそうで怖い。

二崁聚落
| Erkan Juluo |
【Map (P157) ／E + 1】

- 住所：澎湖縣西嶼鄉二崁村二崁古厝群聚
- アクセス：「馬公」バスターミナルより、澎湖県のバス・藍線・外垵線「外垵」行きで、約五十分の「二崁內」下車、徒歩約五分。または、「馬公」バスターミナルより、タクシーで約四十分。

写真に撮りたい！
澎湖の名スポットの一つ

　本島から白沙を経由し、橋づたいにたどり着く西嶼。その一角にある二崁集落もまた澎湖の名所の一つです。明朝の末期から続く集落で、白壁と石、赤茶色の屋根や装飾のあるかわいらしい住宅が今なお大切に保存されています。古い建築物が好きな台湾人の間では結婚写真の名所としても知られています。

　集落にはお土産屋さんを兼ねている住宅もありますが、基本は人が生活しているところ。地元の人の迷惑にならないよう、礼節を持って訪れましょう。

跨海大橋
| Kuahai Daqiao |
【Map (P157) ／E + 1】

- 住所：澎湖縣白沙郷通梁村
- アクセス：「馬公」バスターミナルより、澎湖県のバス・藍線・通梁線「通梁」行きで、約四十五分の「跨海大橋」下車すぐ。または、「馬公」バスターミナルより、タクシーで約三十五分。

白沙と西嶼を結ぶ台湾最長の橋は
全長二千六百メートル！

　澎湖の中でも特に海流が激しい白沙と西嶼との間を繋ぐ、台湾最長の全長二千六百メートルの橋。
　アーチに刻まれた文字は当初中央にあったものの、観光客が写真を撮るために道路に出てきて危ない…ということで現在の右端に移されたそうです。この話、台湾らしい感じがして好きです。

大菓葉玄武岩
| Daguoye Xuanwuyan |
【Map (P157) ／E + 1】

- 住所：澎湖縣西嶼郷池東村10號
- アクセス：「馬公」バスターミナルより、澎湖県のバス・藍線・外垵線「外垵」行きで、約一時間の「西嶼民眾服務」下車、徒歩約二十分。または、「馬公」バスターミナルより、タクシーで約四十分。

火山性地形にしかない柱状玄武岩を
身近に感じられる絶景スポット

　台湾の三大火山群の一つである澎湖には、六角形の柱状の岩が並ぶ柱状玄武岩が随所にあります。その大半は海からしか観られませんが、唯一陸地から見られるのが、ここ西嶼の大菓葉玄武岩。
　高さ約八メートル、長さ約百メートルに及ぶ景色は圧巻です。

台湾あるある　古跡に行くと、必ず誰かが結婚用の写真を撮っている。

七美・双心石滬
| Qimei, Shuangxin Shihu |
【Map (P157)／D＋2】

●住所：澎湖縣七美鄉
●アクセス：「馬公」第三漁港より、澎湖県の交通船で約五十分、「望安」潭門港下船。「望安」潭門港で乗り換え、さらに約四十五分で「七美」南滬港下船。南滬港から「双心石滬」までは、徒歩約五十分。

澎湖の観光ガイドには必ず載っている
ダブルハート

　魚を獲るための伝統的な罠がハートが二つ重なっているように見えるため、ロマンチックな景色の一つとして大人気のスポットです。
　海水が綺麗なため干潮時だけでなく満潮時でも観られる可能性が高いですが、絶対とは言い切れないので、行く前には事前に確認を。

七美・小台湾
| Qimei, Xiao Taiwan |
【Map (P157)／D＋2】

●住所：澎湖縣七美鄉
●アクセス：「馬公」第三漁港より、澎湖県の交通船で約五十分、「望安」潭門港下船。「望安」潭門港で乗り換え、さらに約四十五分で「七美」南滬港下船。南滬港から「小台湾」までは、徒歩約五十分。

ダブルハートに次いで人気が高い
台湾本島の地図の形をした奇岩

　台湾人は、台湾本島のカタチを模したものが大好きですが（もちろん僕も）、ここは波の侵食によって生まれた奇岩。
　左の双心石滬からも近い牛姆坪という場所にあり、見晴らしが良い上、風も心地良いです。是非双心石滬とセットで行ってみてください。

望安・網垵口沙灘
| Wangan, Wangankou Shatan |
【Map (P157)／D＋2】

●住所：澎湖縣望安鄉
●アクセス：「馬公」第三漁港より、澎湖県の交通船で約五十分、「望安」潭門港下船。「望安」潭門港より、徒歩約十五分。または、タクシー等の自動車で約五分。

夏場はビーチ
アクティビティを！

　本島と七美の間にある望安の海岸。遠浅の穏やかな海岸なので、ビーチアクティビティがよくツアーに組み込まれています。
　僕は家族でこの海岸のバナナボートを体験したことがあります。しかし、このときの係員のノリが激し過ぎて、バナナボートを猛スピードで蛇行させ、最後は激しく海面に叩き付けられました。指導員の「面白いでしょ？」的な表情に対し、同乗していた台湾人の女の子たちは号泣。そんな気まずい瞬間にあなたも遭遇するかもしれません。

廟の祭事のときは、誰も笑っておらずカメラを向けるのもはばかれるほど怖い。

小琉球

| Xiao Liuqiu |

　屏東・東港（P68）から西に約十五キロにある小琉球。珊瑚礁で形成された離島で、あちこちには海水が珊瑚礁を侵食してできた奇岩や洞窟などがあります。台湾の離島の中で最もアクセスしやすいこともあり、台湾人観光客の間では、気軽に行けるリゾートスポットとして、よく知られています。

●アクセス：【小琉球「白沙尾港」へ】東港「渡船碼頭」より、東琉線王通客運、泰富航運などの「白沙尾港」行きのフェリーで約三十分。【東港「渡船碼頭」へ】高鉄（新幹線）・左営駅より、台湾好行のバス・9189番「墾丁」行きで約五十分の「大鵬灣」で下車。「大鵬灣」で、屏東客運のバス・503番「東港渡船碼頭」行きに乗り換え、約十五分、終点の「東港渡船碼頭」下車。

島の周囲はたったの約十三キロ レンタサイクルもお勧め！

小琉球の移動術

　小琉球の周囲は約十三キロ。時間と気合いがあれば徒歩でも巡ることができそうですが、個人的なお勧めはレンタサイクルです。島の周囲の海岸線を、心地良い風を浴びながらサイクリングすれば、小琉球をより身近に感じることができます。レンタサイクルは港付近に数軒ショップがあるので、交渉して借りてみてください。

　また、時間に限りがある場合は公共交通を利用するよりも、レンタバイクで巡るのが現実的です。レンタバイクは屏東・東港（P68）か、小琉球の港に手配師のオバサンがよくいるので交渉してみてください。

台湾あるある　半永久的に路駐されている車がある。

小琉球

花瓶石
| Huaping Shi |

【Map（P158）／C＋1】

●住所：屏東縣琉球郷
●アクセス：「小琉球」白沙尾港より、徒歩約十分。または、「小琉球」大福港より、高雄客運のバス・601番＜小琉球環島線＞で約十五分の「花瓶岩（遊客中心）」下車すぐ。

小琉球を象徴する
花瓶のようなかわいい岩

　まるで花瓶のようだということで、この名が付けられた岩。写真のような干潮時には岩に近寄ることもできます。

　海水の侵食によって、頭だけ大きく、下は小さくなっているのですが、頭のほうには花や草が生えていて、なんだかかわいく映ります。

美人洞
| Meiren Dong |

【Map（P158）／B＋1】

●住所：屏東県琉球郷美人路1號
●アクセス：「小琉球」白沙尾港より、徒歩約三分の「観光碼頭」バス停より、高雄客運のバス・601番＜小琉球環島線＞で、約五分の「美人洞」下車すぐ。

悲しい言い伝えのある
小琉球イチの景勝地

　美しかった女性が、岩でできたこの洞穴に漂着し、老婆となり孤独死したという悲しい言い伝えがある場所ですが、海に面しているため、小琉球イチの景勝地として有名です。

　また、この一帯はリスやスカンクが生息しているようなので、運が良ければ観察できるかも？

箱網養殖
| Xiangwang Yanzhi |

【Map（P158）／B＋1】

●住所：屏東縣琉球郷
●アクセス：「小琉球」白沙尾港より、徒歩約二十分。「美人洞」より、西に七百メートルほどいったあたりの海岸。

ここで獲れた魚は
日本にも輸出？

　小琉球は漁業も盛んですが、特に独特な魚の獲り方が箱型の定置網。深さ約十五メートルほどの海の中で魚を育て成長をコントロールし、良い頃合いに一気に獲るというものです。

　かけられているのは金目鯛、カンパチなどで、日本に輸出されることもあるそうです。

烏鬼洞
| Wugui Dong |

【Map（P158）／A＋2】

●住所：屏東縣琉球郷天福村附近
●アクセス：「小琉球」白沙尾港より、徒歩約三分の「観光碼頭」バス停より、高雄客運のバス・601番＜小琉球環島線＞で約十分の「烏鬼洞」下車すぐ。または、「小琉球」白沙尾港より、タクシーで約十五分。

小琉球の長い歴史を感じられる
代表的スポットの一つ

　かつてオランダ人が連れてきた黒人奴隷たちによる事件現場となった悲劇の洞窟。薄暗い入り組んだ洞窟散策は小琉球観光の必須です。

　この一帯の岩壁は、研究によれば数十万年以上前のものとも言われており、小琉球の長い歴史も感じることができるはずです。

白燈塔
| Bai Dengta |

【Map（P158）／B＋2】

●住所：屏東縣琉球郷白燈塔
●アクセス：「小琉球」白沙尾港より、徒歩約三分の、「観光碼頭」バス停より、高雄客運のバス・601番＜小琉球環島線＞で約二十分の「観音石」下車、徒歩約二十分。または、「小琉球」白沙尾港より、タクシーで約二十分。

日本統治時代に建てられた
真っ白のかわいい灯台

　日本統治時代に建てられた約十メートルの真っ白の灯台。第二次世界大戦で大きな損傷を受けたそうですが、一九五〇年代に修復されました。

　日本と台湾を繋いだ象徴として、島民はもちろん台湾人観光客にも親しまれています。案内板には日本語の表示もあります。

緑島

| Ludao |

台東（P82）より約三十三キロの太平洋に浮かぶ緑島。火山島であり、島内のこう配はやや激しいものの、その分スポットごとに様々な景色を観ることができます。また、シュノーケリング、スキューバダイビング、海底温泉などもあるので、お好きな方は是非体験してみると良いでしょう。

● アクセス：【緑島「南寮漁港」へ】台東「富岡漁港」より、フェリーで約五十分。【台東『富岡漁港』へ】台鉄「台東駅」および台東バスターミナルより、台湾好行のバス・8101 番＜東部海岸線＞「三仙台遊憩區」行きで、約二十〜四十五分の「富岡港口」下車すぐ。【『緑島空港』へ】「台東空港」より、德安航空で約十五分。

特別な理由がなければレンタバイク一択！

個人的には、緑島の移動はレンタバイク一択です。

周遊バスもありますが、本数が少ないです。また島内の道路は全長十八キロとさほど大きくないため、タクシーをチャーターするほどでもないです。また、レンタサイクルという手もなくはないですが、こう配が激しいため特にサイクリングが好きな方以外にはお勧めできません。

レンタバイクは台東・富岡漁港（P84）か緑島・南寮港に手配師のオバサンがよくいるので交渉を。言葉が不慣れでも「オートバイ」と言えば、なんとか借りられます（僕はいつもそうしています）。

カタコトの日本語を喋る台湾人と話をすると、つられてこっちもカタコト風になる。

緑島

燈塔
| Dengta |

【Map (P158) ／A＋3】

●住所：台東縣綠島郷中寮村
●アクセス：「緑島」南寮漁港より、緑島環島公路のバスで約十分の「東管處遊客服務中心」下車、徒歩約十分。または、南寮漁港より、レンタバイクで約八分。

アメリカが緑島に寄贈した灯台

一九三七年、アメリカの豪華客船が緑島沖で座礁した際、島民たちが全力で乗客全員を救助。これを感謝したアメリカがお礼として寄贈したのが、この灯台の前身だったそうです。

一九四八年に修復・再建され、今では緑島のランドマーク的存在になっています。

柴口浮潜区
| Chaikou Fuqianqu |

【Map (P158) ／B＋3】

●住所：台東縣綠島郷公館村柴口
●アクセス：「緑島空港」より、徒歩約三十分。または、「緑島」南寮漁港より、徒歩約四十五分。または、「緑島」南寮漁港より、レンタバイクで約十分。

海底に散在する壮大な珊瑚礁を観察

"浮潜"とはシュノーケリングの意味。緑島にはいくつかの浮潜できる場所がありますが、その一つがここ。

シュノーケリングの道具やガイドは南寮港付近のダイビングセンターか民宿でも手配してくれますが、事前によく調べてから行くほうがより堅実です。

人権紀念公園
| Renquan Jinian Gonyuan |

【Map (P158) ／B＋3】

●住所：台東縣綠島郷将軍岩20號
●アクセス：「緑島空港」より、徒歩約四十分。または、「緑島」南寮漁港より、徒歩約一時間十分。または、「緑島」南寮漁港より、レンタバイクで約二十分。

監獄島だった緑島が人権を伝える島に

美しい緑島ですが、かつては白色テロの政治犯を収容する監獄島として知られていました。現在はその歴史をあえて伝承するため人権紀念公園が設立されています。

旧収容所などを見学すれば、台湾の歴史と人権発展の過程を理解できるかもしれません。

柚子湖藍洞
| Youzihu Landong |

【Map (P158) ／C＋3】

●住所：台東縣綠島郷環島公路7公里處
●アクセス：「緑島空港」より、タクシーで約二十分。または、「緑島」南寮漁港より、レンタバイク、タクシーなどの自動車で約三十分。

湖のような名前の村の海触洞

まるで湖のような名前を持つ小さな漁村近くに、海水により侵食された複数の海触洞があります。この界隈もまたシュノーケリングのメッカです。

干潮時には散策もできます。付近を歩いて見て回るだけでも緑島の壮大な自然を感じることができるはずです。

睡美人
| Shui Meiren |

【Map (P158) ／B＋4】

●住所：台東縣綠島郷海參平
●アクセス：「緑島空港」より、タクシーで約二十五分。または、「緑島」南寮漁港より、レンタバイク、タクシーなどの自動車でで約二十五分。

寝そべる女性とパグ犬に見える岩

緑島に限らず「何かに見える」という奇岩が多い台湾ですが、そのうちの一つがこの睡美人。

写真だとわかりづらいのですが、右側に女性が寝ているように見える岩があり、左側にパグ犬がたたずんでいるように見える岩があるというものです。ここも緑島の名所の一つです。

朝日温泉
| Zhaori Wenquan |

【Map (P158) ／B＋4】

●住所：台東縣綠島郷公館村温泉路167號
●アクセス：「緑島」南寮漁港より、タクシーで約三十分。または、「緑島空港」より、レンタバイク、タクシーなどの自動車でで約四十分。

世界的にも珍しい海底温泉

日本統治時代には"旭温泉"と呼ばれた海底温泉。岩がゴツゴツした海岸に幾何学的な温泉池がある他、SPA施設やプールのように広い施設もあります。

ただし、いずれの露天温泉も男女別には分かれていないので、行く際は必ず、水着と水泳帽持参で。

台湾あるある　レシートが長過ぎて、財布の中がすぐパンパンになる。

馬祖

| Mazu |

　馬祖は北竿、南竿を筆頭に、十八の島々からなる島群ですが、中国大陸に近く、半世紀以上も有事と隣り合わせでした。このことから各所には今なお軍事施設が点在しており、やや緊張感があります。しかし、風光明媚な景色と、大切に保存された古き良き建築は実に美しく、一見の価値ありです。

●アクセス：【馬祖「北竿空港」「南竿空港」ともに】台北「松山空港」より、立栄航空で約五十五分。または、「台中空港」より、立榮航空で約一時間五分。【南竿・福澳港へ】「基隆港」より、新華航業のフェリー「臺馬之星」で、約八時間〜約十時間。

馬祖の移動術　レンタバイクがないと巡ることができない？

　台湾の離島はどこも公共交通が少なめですが、馬祖の北竿はその極み。空港付近にタクシーがわずかにいるものの流しは皆無ですので、やはりレンタバイクを利用するのが良いでしょう。北竿は交通量が少なく運転しやすいですが、坂のアップダウンやカーブが多いので要注意です。
　また、南竿は北竿よりはタクシーも多いですが、それでも流しで拾うのは困難。やはり南竿もレンタバイク利用が最も効率が良く、経済的です。ゆっくり走れば特に問題ないでしょう。
　北竿・南竿ともレンタバイクの相場は一日五百元です。

台湾あるある　タクシーのトランクの中が運転手さんの私物で散らかっている。

馬祖

北竿・后澳村
| Beigan, Houao Cun |
【Map (P159)／F+2】

●住所：連江縣北竿郷后澳村
●アクセス：「北竿空港」より、すぐの「塘岐」バスターミナル近く。エリア内の中正路、または中山路沿いにはいくつもの商店があり、レンタバイクを借りる際もこの界隈の店を利用する。

北竿唯一の商店街の一角には
独特の住宅建築が連なる

白沙港（P108）から見て、最も遠い場所にあることから "後澳" と呼ばれる后澳村。北竿唯一の商店街でもあり、民宿や食堂などもあるため、旅行者は必ず立ち寄るエリアです。

一角には伝統的な建築も残っており、付近の散策も楽しそうです。

北竿・戦争和平紀念公園
| Beigan, Zhanzhen Heping Jinian Gonyuan |
【Map (P159)／F+2】

●住所：連江縣北竿郷后澳村
●アクセス：「北竿空港」または、「塘岐」バスターミナルより、塘后路を東に進み、海を渡った一角。入口までの所要時間は徒歩約十分だが、公園がある大沃山全体を散策するなら、約一時間はかかる。

見晴らしの良い山に
戦争の痕跡が残る…

旅行者にとっては単に見晴らしの良い大沃山ですが、この山には戦争和平紀念公園があり、戦車や大砲が山道に展示されていてドキッとします。

この中の主題館では、五十年にわたった馬祖の軍事管制期間を再現。島民たちにとって苦しく厳しかった、当時の生活を学ぶことができます。

北竿・芹壁村
| Beigan, Qinbi Cun |
【Map (P159)／E+2】

●住所：連江縣北竿郷芹壁村
●アクセス：「北竿空港」より、連江県のバス＜北竿山線＞または＜北竿海線＞「白沙」行きで、約十分の「芹壁」下車、徒歩約三分。または「北竿空港」より、レンタバイクで約十分。

「台湾のギリシャ」と
呼ばれる美しい村

馬祖のシンボリックなスポットで、観光写真にもよく使われる芹壁村。伝統的な閩東建築の古い石造りの家々が連なっており、この景色を指して "台湾のギリシャ" と呼ばれることもあるようです。

芹壁村は山の斜面にあり、迷路のように入り組んでいるものの散策は楽です。是非巡ってみてください。

また、芹壁村には民宿もあります。総じて高めですが、目の前の鏡港の景色は圧巻です。是非宿泊してみてください。

台湾あるある　珍しい調味料や食材を買って日本に持って帰ったが、全然使わず二年くらい経っている。

北竿・午沙沙灘
| Beigan, Wusha Shatan |
【Map (P159) ／F＋2】

●住所：連江縣北竿郷午沙村
●アクセス：「塘岐」バスターミナルより、連江県のバス「白沙」行きで約十分の「軍醫院」下車、徒歩約六分。または、「北竿空港」より、レンタバイク、タクシーなどの自動車で約五分。

北竿の代表的ビーチだが、美しさに反して緊張感が漂う

　北竿の代表的な海岸。美しく穏やかな海辺を見れば海水浴もできそうですが、ここも戦時中の重要拠点の一つ。南竿の北海坑道（P109）同様、水路の役割を果たしていたようです。
　海岸脇の岩の上には敵を避けるためのバンカーがあり、美しい景色に反して緊張感があります。

北竿・坂里沙灘
| Beigan, Banli Shatan |
【Map (P159) ／E＋2】

●住所：連江縣北竿郷坂里村
●アクセス：「塘岐」バスターミナルより、連江県のバス「白沙」行きで約十五分の「坂里村」下車、徒歩約五分。または、「北竿空港」より、レンタバイク、タクシーなどの自動車で約十五分。

石英の成分を含んだ砂浜がキラキラと輝く

　この海岸の砂浜の砂質には石英の成分が含まれ、日の出や夕暮れ時には浜全体が輝き、幻想的な景色になることもあるようです。
　ただし、その砂浜にはやはり敵の侵入を避けるための敵避けも…。美しい自然と戦争の影が交差するという意味では、左の午沙沙灘と同様です。

北竿・白沙港
| Beigan, Baisha Gang |
【Map (P159) ／E＋2】

●住所：連江縣北竿郷白沙村
●アクセス：「塘岐」バスターミナルより、連江県のバス「白沙」行きで約十五分の終点「白沙」下車すぐ。または、「北竿空港」より、レンタバイク、タクシーなどの自動車で約十五分。

北竿の玄関口で、近隣には古い石造りの村や廟も

　北竿と南竿を行き来するフェリーの発着港で、北竿イチの漁港としても有名。
　南竿の福澳港周辺に比べれば閑散としていますが、周辺には石造りの住宅や、平水尊王廟という海を守る廟もあります。フェリーでの移動と併せて周辺の散策をしてみるのも良さそうです。

北竿・壁山観景台
| Beigan, Bishan Guanjingtai |
【Map (P159) ／F＋2】

●住所：連江縣北竿郷壁山路
●アクセス：「塘岐」バスターミナルより、連江県のバス「白沙」行きで約五分の「莒光堡」下車、徒歩約二十分。または、「北竿空港」より、レンタバイク、タクシーなどの自動車で約十五分。

馬祖イチの山から望む北竿一帯の、美しく複雑な地形

　馬祖で最も高い壁山は、標高二百九十八メートル。山頂付近から望む景色は素晴らしく、同時に島が複雑な地形をしていることもよくわかります。
　ついバンバン写真を撮りたくなりますが、この一部には今でも軍用地があります。軍事スポットにはカメラを向けないようご注意を。

馬祖

南竿・北海坑道
| Nangan, Beihai Kengdao |

【Map (P159) ／D+4】

●住所：連江縣南竿鄉仁愛村
●アクセス：「南竿空港」より、連江縣のバス「仁愛」行きで、約十五分の「仁愛村」下車、徒歩約四分。または、「南竿空港」より、レンタバイクで約十五分。

馬祖に多く築かれた
地下埠頭の代表

　戦時中、馬祖では遊撃戦用の船を停泊させるため多くの地下埠頭が築かれましたが、その代表が北海坑道です。
　満潮時には約八メートルの水位になるため、観光客が見学できるのは干潮時のみ。時期により干潮の時間が異なるので、事前に調べて行ってください。

南竿・大漢據點
| Nangan, Dahan Judian |

【Map (P159) ／D+4】

●住所：連江縣南竿鄉仁愛村95-1號
●アクセス：「南竿空港」より、連江縣のバス「仁愛」行きで、約十五分の「仁愛村」下車、徒歩約四分。または、「南竿空港」より、レンタバイクで約十五分。

南竿を攻撃から守った
最前線

　南竿を中国側からの攻撃に備えて守っていた最前線ですが、今では戦争の歴史を伝える名所となっています。
　自然豊かで過ごしやすい馬祖ですが、この大漢據點を見学すれば、ひとときも穏やかに過ごせなかった島民たちの戦時中の生活が伝わってきます。

南竿・雲台山
| Nangan, Yuntaishan |

【Map (P159) ／D+4】

●住所：連江縣南竿鄉南竿村
●アクセス：「南竿空港」より、連江縣のバス「津沙村」行きで、約十五分の「陽明橋」下車、徒歩約四分。または、「南竿空港」より、レンタバイクで約十五分。

南竿の最高峰の山には
かつての軍事教育施設が

　馬祖列島全域と中国側を一望できる山で南竿の最高峰。
　風光明媚で、山自体もどこかかわいらしく映るのですが、この山にある軍情館はかつて官兵たちの敵情を教え込む教育施設だったようです。観光客の参観もできるので、併せて見学するのも良いでしょう。

南竿・媽祖巨神像
| Nangan, Matsu Jushenxiang |

【Map (P159) ／D+3】

●住所：連江縣南竿鄉馬祖村
●アクセス：「南竿空港」より、連江縣のバス「馬祖」行きで、約二十分の「文化中心」下車、徒歩約十七分。または、「南竿空港」より、レンタバイクで約二十分。

「媽祖は馬祖にあり」
世界最高の媽祖神像

　高さ二十八・八メートルというかなり高い媽祖神像で"媽祖は馬祖にあり"というキャッチコピーが生まれたきっかけにもなった南竿の名所です。
　構想から完成まで十年以上の歳月を費やしたというだけあり、その完成度は高く、一見の価値ありです。

南竿・八八坑道
| Nangan, Baba Kengdao |

【Map (P159) ／E+3】

●住所：連江縣南竿鄉牛角嶺
●アクセス：「南竿空港」より、連江縣のバス「津沙村」「南竿空港」行きで、約五分の「八八坑道」下車。バス停のある中央大道沿い。

かつての戦車の坑道が
酒蔵に

　台湾の酒飲みの間では知らない人はいない八八坑道。かつては戦車の坑道だった場所ですが、坑道内の構造が老酒作りにも適していたようで、今では酒蔵として稼動しています。
　坑道内に入るとお酒の匂いがプンプン。お酒が嫌いな方は行かないほうが良いかも？

南竿・介壽獅子市場
| Nangan, Jieshou Shizi Shichang |

【Map (P159) ／E+3】

●住所：連江縣南竿鄉介壽村181號
●アクセス：「南竿」福澳港より、連江縣のバス「介壽」行きで、約五分の「介壽」下車すぐ。または、「南竿空港」より、レンタバイクで約五分。

島民たちの生活を感じる
活気溢れる市場

　風光明媚な反面、戦争の影がぬぐい切れない馬祖ですが、唯一穏やかな気持ちにさせてくれる場所が介壽獅子市場。
　地元で獲れた魚介類、野菜などが沢山売られていますが、これに合わせて簡単な食事を取れる店も。馬祖でしか食べられないメニューも沢山あります。

台湾あるある　全然青になってくれない信号がある。

巻の5 本島から飛び出して離島を行くの巻

金門
| Kinmen |

　一九五八年以降、中華民国の統治下に置かれ、長きにわたって砲撃が続いた金門。島のあちこちに戦没史跡が多くあり、かなり緊張感がある一方、実に美しい伝統的な閩南式住宅の村なども点在。言わば、戦争と伝統が交錯した島であり、台湾の歴史を物語る上でも絶対に無視できない地域です。

● アクセス：【金門「金門空港」へ】台北「松山空港」より、立栄航空、華信航空、遠東航空の飛行機で約一時間二十分。台中、嘉義、台南、高雄の各空港からも発着便あり。【金門「水頭港」へ】中国・廈門「五通港」より、金廈海運の「新金祥龍号」などで約三十分。

金門の移動術
金門は意外とデカい！できればレンタカーがベスト

　十二個の島からなる金門ですが、メインはやはり大金門と小金門。ここでは本島の大金門のみに触れますが、意外と広く名所が点在しているため、公共バスやタクシーは乗り継ぎが大変。さらにレンタバイクでもやや大変という印象でした。

　ということで、僕は二〇一八年に金門に行った際、レンタカーを借りることにしたのですが、数軒の会社で断わられました。最後の店で甘えたりゴネたりしてなんとか借りましたが、日本人旅行者が金門で運転するケースはまだ稀だからかもしれません。もし、レンタカーを借りる場合は、念入りな事前予約をしたほうが良さそうです。

台湾あるある　前に来たときは気さくに話をしてくれた店員が、今回はやけにそっけない。

莒光楼
| Juguanglou |

【Map (P157) / E +4】

●住所：金門縣金城鎮賢城路1號
●アクセス：「金門空港」より、金門県のバス・3番「金城」行きで、約二十分の「莒光楼」下車。バス停の前の環島西路をわたってすぐ。または、「金門空港」より、タクシーで約十五分。

"大陸反攻"のシンボルであり
金門の歴史や風土にも触れられる場所

中華民国の統治下に置かれる前の、激戦時代に建てられた宮殿洋式の建築物で"大陸反攻"の象徴的な場所。金門はもちろん、台湾人の間でもよく知られています。

施設内では金門の民族品や高粱酒などの展示の他、金門史を語る貴重な写真類の展示もあります。

金城老街
| Jincheng Laojie |

【Map (P157) / E +4】

●住所：金門縣金城鎮莒光路
●アクセス：「金門空港」より、金門県のバス・3番「金城」行きで、約二十五分の「東門」下車。バス停のある環島西路から民族路を左折し、莒光楼へ。所要時間、徒歩約七分。または、「金門空港」より、タクシーで約十五分。

島内で唯一なんでも揃う
金門の代表的老街

中心地・金城にある老街で日用品、食材、軽食の他、名物の砲弾包丁を格安で売る店もあります。

大金門の島内には飲食店、コンビニともに意外と少なく、食事には結構難儀します。なので、金城老街でなんらかの食べ物を購入し、各所を巡るのが良いかもしれません。

珠山聚落
| Zhushan Juluo |

【Map (P157) / E +4】

●住所：金門縣金城鎮珠山
●アクセス：「金門空港」より、金門県のバス・3番「金城」行きで、約十五分の「珠山」下車、徒歩約三分。または、「金門空港」より、タクシーで約十五分。

アモイにルーツを持つ
薛氏一族の集落

アモイに祖先を持つ薛さんという一族が、約六百五十年前の元から明へ変わる時代に暮らし始めた集落で、かわいらしい閩南式住宅が保存されており、中には民宿を兼ねているところも。

集落一帯は昼間でもとても静かです。地元の人の迷惑にならないように訪れてみてください。

翟山坑道
| Zhaishan Kengdao |

【Map (P157) / E +4】

●住所：金門縣金城鎮古崗湖東南方
●アクセス：「金門空港」より、金門県のバス・3番「金城」行きで、約十五分の「珠山」下車、徒歩約二十分。「金門空港」より、タクシーで約十五分。

大陸には知られなかった
軍用船隻の発着基地

一九五八年に中華民国の統治下となった金門ですが、以降も抗戦はたびたびあり、軍用船隻の発着基地として作られた半地下水道がこの翟山坑道。

冷戦時、大陸側には知られていなかった場所ということもあり、今では中国人観光客が大挙して訪れています。

水頭集落
| Shuitou Juluo |

【Map (P157) / D +4】

●住所：金門縣金城鎮前水頭鎮
●アクセス：「金門空港」より、金門県のバス・藍1番「太武公園」行きで、約二十分の「體育館」下車。7番に乗り換え、約十五分の「水頭圓環」下車、徒歩約三分。

かつての貿易の中心は
中西一体のノスタルジー

水頭碼頭（P112）に隣接する集落で、かつては金門とアモイとを結ぶ貿易の中心地だった場所。今なお古くから続く景観が大切に保存されています。

貿易を営む人が多く暮らした影響で、閩南式住宅に加え洋館風の住宅もあり、中西一体の雰囲気を醸し出しています。

台湾あるある　ビルの外壁にあるシート状の巨大広告に風よけの無数の穴があり、肝心の広告が読めない。

水頭碼頭
| Shuitou Matou |

【Map (P157)／D＋4】

●住所：金門縣金城鎮西海路一段5號
●アクセス：「金城」バスターミナルより、金門県のバス・7番、7A番、または、7B番の巡回線で約二十分の「水頭碼頭」下車すぐ。

多くの観光客が訪れる
金門とアモイを結ぶ港

　金門と馬祖（P106）は、二〇〇一年より中国との通商、郵便、直行航路が開通し、二〇〇九年からは台湾・中国ともに直接行き来できるようになりました。

　金門と中国側のアモイとを行き来する際の港がこの水頭碼頭です。僕もここからアモイへ行ってみました（P113参照）。

金門歷史民族博物館
| Kinmen Lishi Mingsu Bowuguan |

【Map (P157)／F＋3】

●住所：金門縣金沙鎮西園里文化路450巷52號
●アクセス：「金門空港」より、金門県のバス・藍1番「金城」行きで、約二十分の終点「金城」下車。5番「沙美」行きに乗り換え、約一時間の「文化園區」下車すぐ。

金門の文化遺産と歴史を
伝承する博物館

　金門東部の沙美にある金門文化園区の中にある博物館。

　「金門の海洋」、「神の祝福の地」、「歳時記」、「歴史の風暴」、「古今中外」、「万年富貴、脈々と」の六つのテーマにそって館内を見学します。金門の古い町並みや閩南様式の図案などから、その歴史に触れることができます。

獅山海灘
| Shishan Haitan |

【Map (P157)／F＋3】

●住所：金門縣金沙鎮山后村
●アクセス：「金門空港」より、金門県のバス・藍1番「山外」行きで、約二十分の終点「山外」下車。25番「山后」行きに乗り換え、約四十分の「山西一」下車、徒歩約九分。

美しい砂浜に
敵避けが強く刺さる海岸

　下の獅山砲陣地から程近い、北側に向いた海岸。白い砂浜が美しくつい佇みたくなりますが、随所に敵避けがズラリ。

　馬祖の坂里沙灘（P108）と見間違えるほどの風景ですが、金門は獅山の他の多くの海岸にも敵避けがあり、馬祖以上の緊張感があります。

獅山砲陣地
| Shishan Paozhendi |

【Map (P157)／F＋3】

●住所：金門縣金沙鎮山后村陽翟路
●アクセス：「金門空港」より、金門県のバス・藍1番「山外」行きで、約二十分の終点「山外」下車。25番「山后」行きに乗り換え、約三十分の「獅山」下車すぐ。または、「金門空港」より、タクシーで約四十分。

激戦時代の生々しい様子を
そのまま残した坑道

　全長五百八メートルの現存する唯一の坑道式榴弾砲陣地。一九五八年の八二三砲戦の際に戦功をあげた八インチの砲弾などが展示されています。

　坑道内には精巧にできた軍人模型などがある他、指令室などもそのまま保管されており、激戦時の様子を体感することができます。

山后民族文化村
| Shanhou Mingzu Wenhuacun |

【Map (P157)／F＋3】

●住所：金門縣金沙鎮山后村陽沙路往山后民俗村
●アクセス：「金門空港」より、金門県のバス・藍1番「山外」行きで、約二十分の終点「山外」下車。25番「山后」行きに乗り換え、約三十分の「民俗文化村」下車すぐ。または、「金門空港」より、タクシーで約四十分。

山を背にして建てられた全十八棟の
閩南式住宅は金門イチの景観とも！

　一九〇〇年、王さんという人が建てた全十八棟の閩南式住宅が今なお大切に残されている村です。緩やかな傾斜地にあり、景観の素晴らしさは金山イチという声も多いとか。

　また、住宅の中には民宿を兼ねたところがあり、静かな金門の一晩を過ごすことができます。

column

たった三十分で中国へ！
金門からアモイまで行きました

中国アモイ。近代化が進み、高層ビルが立ち並ぶアモイですが、一歩裏通りに入れば、生活感溢れるこんな町並みが。

水頭碼頭は国際空港のミニ版

　金門滞在中、半日くらい時間が空いたので、急きょ思い立ち、水頭碼頭（左ページ）からフェリーに乗って中国・廈門（以下、アモイ）まで行ってみることにしました。地図で見れば金門とアモイは隣り合わせ。果たしてどれくらいの距離感なのかを体感してみることにしました。

　水頭碼頭の駐車場にレンタカーを停め、ロビーに行きさっそく乗船チケットを買いました。これからフェリーに乗る人、今フェリーを降りた人でゴッタ返しており、中には闇の両替を誘ってくるお姉さんもいました。人民元は不慣れなので、ここでは公式の銀行で両替をしました。

　フェリーが出航する時間までに、出国審査をします。これは通常の空港で行うミニ版といった感じなのですが、持ち物検査などはむしろ空路のそれよりも厳重な印象。行き来しやすいからこそ厳重なのか、それとも、かつての激戦の名残りなのか。後ろめたさはないのに、何故か緊張しましたが、出国審査を済ませフェリー乗り場へ。途中にはこれまた空港同様の免税店などがあります。

　乗船時間になりフェリーに乗り込みます。台湾

水頭碼頭のロビーには銀行の交換カウンターがズラリ。

日中は結構な頻度のフェリーが運行しています。

出国審査を終えフェリー乗り場に向かう途中にある免税店。

人（金門人）、中国人入り乱れての座席の奪い合いを経た後、やがて出航。窓の外に見えた水頭港がだんだん小さくなっていきました。

アモイの姉さん完全無視の洗礼

アッという間に中国・アモイ側の港、五通碼頭に着きました。ここではさっきの逆で、入国審査を経てロビーへ。想像以上にロビーにいる観光客とおぼしき人たちが多かったため、万一チケットが売り切れたら大変なことになるぞと、事前に帰りのチケットを買っておくことにしました。しかし、中国だからか、たまたまなのかここで厳しい洗礼を受けました。

僕の中文が下手クソ過ぎたからでしょうか、チケットカウンターのお姉さんは自分のお化粧に夢中で全く応じてくれません。「あれ？ 聞こえてないのかな」と思って英語に変えて話しかけても完全に無視。何をどう話しかけてもそのお化粧姉さんは全く僕に応じてくれません。

仕方なく、近くにいた別の職員にお願いし、なんとかチケットを買うことができましたが、肝心の時刻が全然違うものを買わされたりして、これまた押し問答…。

うーん、手厳しいです、アモイ。台湾であれば、たとえ言葉が通じない外国人だとしても、なんとか話をすれば親身に付き合ってくれ、理解しようとしてくれることが多いですが、ここは中国。甘くないようです。

アモイにはピカピカのビル群が

フェリー乗り場を出て、タクシーを拾い、急きょスマホで調べた、いかにもシブそうな第八菜市場というところを目指しました。

タクシーは高速道路をブッ飛ばしピカピカの巨大ビル群をどんどん抜けていくのですが、町並みは金門に比べかなり近代化されているという印象です。最近はマニアックなアジアファンの女性の間で、アモイやコロンス島などの古い建築物を散策する旅が人気のようですが、そういったスポットは見当たらず、むしろ経済バリバリ、高層ビル濫立の町としてのインパクトのほうが強かったです。今度アモイに来ることがあれば、そういう素敵な町並みをきちんと調べて訪れたいと思います。

そんなアモイでしたが、やがて着いた第八菜市場は、古き良き市場という感じで肉から魚から野菜から薬から漢方薬から何から何までゴチャマゼで面白かったです。ここは台湾の地方部の市場とも似ていて、エネルギッシュで、中国の生活感を感じられる場所でした。

ただし、やっぱりここは中国。気になる物があって話をしようとしても、売ってる人がどうしてなのか皆さん不機嫌そう。別に怒っているわけではなさそうですが、目が笑っておらず妙に話がしにくかったりして、正直言って怖いの連続でした。と同時に、つくづく台湾人は外国人に優しく、話がしやすい人が多いなと改めて実感した次第です。

結局、第八菜市場とその付近、なるべく生活感がありそうなところに三時間ほど滞在し、そのままた元の道を戻り、またわずか三十分で金門に戻りました。

距離としては確かに近い金門とアモイ。しかし、そこにいる人たち、習慣、雰囲気ははるかにかけ離れていました。これは人によって異なると思いますが、個人的には派手さはないけど、伝統と人の温かみを感じられる金門のほうが、断然魅力的に映るのでした。

アモイ・五頭碼頭。金門と打って変わってピカピカ。

まるで空港のような外観の五頭碼頭。

近代的なビルが立ち並ぶアモイ。金門とは全然違います。

アモイ・第八菜市場。気になるものもありましたが、ちょっと怖くて積極的には話しかけられませんでした。

column

蘭嶼上陸の成功率は
今のところ五分の一

たった一時間半だけ滞在したことがある蘭嶼（P5）。次に行くことができるのは果たしていつなのでしょうか…。

五回挑戦して行けたのは一度きり

　本書を読んでくださっている方のうち、台湾のマニアの方なら「なんで離島のコーナーに蘭嶼が載っていないんだ」と思われているかもしれません。すみません、白状をしますと、僕はこれまでに蘭嶼に行ったのは一度きり。それもたった一時間半での滞在だったため、本書では掲載をヤメることにしました。

　蘭嶼へのアクセスは天候に左右されやすいため、想像以上にハードルが高いです。

　これまで僕が蘭嶼に行く目的で台東（P82）を訪れた回数は五回。しかし、そのうち実際に行けたのはたった一度だけ。しかも、その日も海が大荒れで到着まで倍以上の時間がかかり、戻りの時間までが短縮。よって、一時間半しか蘭嶼に滞在することができず、ほとんど島内を見て回ることはできませんでした。

フェリーで五時間半かけて蘭嶼へ

　その蘭嶼一時間半事件の顛末です。
　今から十年ほど前のこと、まだ蘭嶼へのアクセスを甘く見ていた僕は、日帰りで行こうと台東からフェリーの出る富岡漁港（P84）までリュック一つでフラっと行ってみました。フェリーは時刻通り出ると言うので、そのまま乗ったのですが、船が沖に出るにつれ、だんだん雲行きが怪しくなってきました。

　雷が鳴り始め大粒の雨が降り、フェリーも右往左往と大きく揺れて、なかなか前へと進んでくれません。当時よく使っていたガイドブックには「所要時間：二時間半」とありましたが、結局、蘭嶼の港に着いたのは、五時間半後のことでした。

五百元で自家用車をレンタル

　「予定は大幅に狂っているし、この天気なので、フェリーが出なくなったりするかもしれない」と、心配になり、蘭嶼の港に着いてすぐ帰りのフェリーを確認しました。すると、そもそも到着が遅れたせいで、わずか一時間半後に台東・富岡漁港に戻るフェリーが最終便だと言います。しかも、天候が悪いため、次にいつフェリーが出るかはわからないということでした。何それ！

　さらにこの天候のせいか、港には人もまばらで、

離島の定番・レンタバイクのオバサンも皆無…。うーん、困りました。

しかし、折り返しマラソンじゃないのだから、ここまで来てただ帰ってくるのも悔しいので、たまたま見かけた港のロビーで酒盛りしていたタオ族の人たちに、下手クソな中文で「誰か車かバイクを、一時間半だけ貸してくれませんか。何故なら、すぐ戻らないといけないので」と懇願しました。

すると、一人のお兄さんが「千元！」と言います。「さすがに千元はねぇだろう」と思っていたところ、隣のオバサンが助け舟。お兄さんに「五百元で貸してやれ」と叱っています。すると、お兄さんは渋々自分の車を五百元で貸してくれました。

お兄さんから借りた車で猛ダッシュで一周。雨はジャンジャン降っているし、当然何がなんだかわからないままなのですが、一応満足です。港に戻って、お兄さんに深々とお礼を言いました。

すると、お兄さんはさっきの千元対応とは急に変わり、今度はビールだのヤシなどをどんどん僕にくれて「また来なよ」と言ってくれました。もう少し彼らと話をしたかったのですが、フェリーの問題があるので、後ろ髪をひかれるように蘭嶼を後にしました。

結局五百元で借りたタオ族のお兄さんの自家用車。

帰り際一瞬酒盛りに混じって乾杯。気の良い人たちでした。

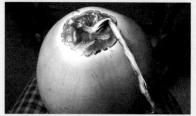

別れ際には巨大なヤシの実をくれました。感謝！

本書のために五度目の挑戦

と、こんな苦い経験があったものですから、以降蘭嶼への再訪を何度か試していたのですが、いずれも天候不良で行けませんでした。

しかし、本書では是非とも紹介したいとも思っていたので、二〇一八年末にもう一度挑戦することにしました。フェリーよりは成功度が高い航空券の予約を取り、まず台北から台東へと飛行機で向かいました。

天気が良くても飛行機が飛ばない？

事前情報だと、前日は台風の影響で蘭嶼付近は荒れていたそうですが、この日はめでたく快晴。台北からの飛行機の窓から台東空港が見えてくると、蘭嶼を目指すプロペラ機が滑走路付近に停まっている様子も見えます。

「よし、大丈夫。あのプロペラ機は僕を待っている。ここで乗り換えてそのまま蘭嶼だ！」としばし浮かれましたが、台東の空港のロビーに着いて掲示板を見ると、「キャンセル」の文字が…。

空港のカウンターの係の人に尋ねると、「天気が良くても強い風が残っていれば、キャンセルになることはよくある」と言われ、淡々と払い戻し手続きの書類を僕に渡してくれました。

ガックリ肩を落としました。今回ばかりは、根拠なく「行ける」と信じきっていたため、台東で他にする用事も考えておらず、しばし途方に暮れてしまいました。

このままだと気分が凹むので、そのままバスに乗り知本温泉（P84）で一泊することにしました。

しかし、ご存知の通り知本温泉は観光地。周りは全員団体客でワイワイガヤガヤ。孤独感を感じつつ温泉に入ったところまではまぁ良かったのですが、うっかりしていたことにホテル周辺には食堂が皆無だったことも忘れていました。楽しそうな周囲を横目に、夕飯はホテルで買ったカップラーメンを一人ですする…というコテンパンの敗北感をまた味わったのでした。

台東から飛行機を乗り継ぎ蘭嶼に向かうはずが、空港では右のキャンセル証明書をシレっと渡されました。

その6

宜蘭・基隆

色々巡りつつ北東に戻ってくるの巻

反時計回りに台湾本島を巡り、いよいよ北東部・宜蘭に入ります。

宜蘭は台北から比較的アクセスしやすいエリアですが、農業・漁業ともに盛んでここでしか味わえないグルメも豊富。自然を活かしたアクティビティや、積極的にDIY体験を実施する工場なども沢山あります。

その宜蘭からさらに海岸沿いを北へ進むと、最初の新北にたどり着きます。これで台湾本島を一周したことになりますが、その新北を通り越し、さらに進めば基隆が見えてきます。

基隆ははるか昔から台湾の窓口となった港町。数多くの歴史的事件の舞台にもなった地域ですので、台湾をより深く知るためには、必ず見ておかなければいけないスポットが点在しています。

台湾各地で触れた文化、歴史にまつわるエピソード、そして台湾の個性は、最後の宜蘭と基隆をじっくり巡ることでより明確に浮き上がってくるかもしれません。

宜蘭
| Yilan |

　三方を山に囲まれた宜蘭の平野部は、台北からのアクセスのしやすさから特に週末や休日は、観光客が多く訪れます。しかし、ド観光地というわけではなく、全体を見渡せば山、海ともに深い土壌と原住民文化が入り組んでいます。言わば、台湾全体同様"間口は広いが、奥がやたらと深い"地域です。

●アクセス：【台鉄「宜蘭駅」へ】台鉄「台北駅」より、太魯閣号、普悠瑪号、自強号（いずれも特急）で約一時間半、区間車（各駅停車）で約二時間〜二時間四十分。または、「台北駅」バスターミナルより葛瑪蘭客運のバス・1916番「宜蘭轉運站（宜蘭バスターミナル）」行き、あるいは1915、1917番「羅東轉運站」行きで約一時間半の「宜蘭轉運站」下車、徒歩約十五分。

宜蘭の移動術
平野部のスポットだけなら公共交通で十分だが…

　特に宜蘭市周辺は公共交通が数多くあり、乗り継ぎなどをうまくすれば移動に難儀することはなさそうです。しかし、山奥や海岸線に行く場合は、極端に公共交通の本数が少なくなるので、細心の注意を。例えばP121で紹介する鳩之澤温泉へ行くバスは週末限定で一日一便。鳩之澤温泉自体、太平山の山奥で宿泊施設もないため、万一乗り過ごすことになったら大変です。

　平野部を中心に移動する場合は公共交通を使い、山奥や海岸線のハードな地域を巡る場合はいっそレンタカーやレンタバイクで…と、移動手段を臨機応変に使い分けると良さそうです。

宜蘭

東岳湧泉
| Dongyue Yongquan |

【Map (P155) / F+3】

●住所：宜蘭縣南澳鄉東岳村
●アクセス：台鉄「宜蘭駅」より、区間車（各駅停車）で、約四十分の「東澳駅」下車、徒歩約十分。または、「東澳駅」よりタクシーで約五分。

SNSで広まった
ローカルな冷泉

台鉄・東澳近くにある冷泉公園。台鉄の北廻線の複雑化工事の際、偶然掘り当てられた地下冷泉で、年間を通して十四～十六度とヒンヤリ。

あまり知られていない場所でしたが、近年SNSの影響で台湾人の間で人気に。夏場の休日は特に賑わっています。

白米木屐村
| BaiMi Mujicun |

【Map (P155) / F+3】

●住所：宜蘭縣蘇澳鎮永春路174號
●アクセス：台鉄「蘇澳駅」から徒歩約二分の蘇澳バスターミナルより、国光客運のバス・1799番「永樂里」行きに乗り、約二十分の「永春里」下車すぐ。

地元の木材を使った
オリジナルサンダルを！

日本統治時代、地元の自然を産業化させるために石灰石、木材の加工業者が増えた白米。

木材の分野では、特に多く転じられたのが木製サンダルで、その歴史を伝承するのが白米木屐村です。DIY体験もあるので、自分だけのサンダルを作ってみては？

南方澳
| Nanfangao |

【Map (P155) / F+3】

●住所：宜蘭縣蘇澳鎮漁港路（南方澳漁港）
●アクセス：台鉄「蘇澳駅」より、徒歩約二分の蘇澳バスターミナルより、国光客運のバス・紅2番「南方澳」行きに乗り、約十分の「蘇澳港（南方澳站）」下車すぐ。

台湾三大漁港の一つ
海岸も美しい港町

台湾三大漁港の一つを有し、東北部ではあまりにも有名な港町。中心となるのはやっぱり港ですが、周辺の海岸もとても美しいので、是非界隈を散策してみてください。

ただし、宿泊施設には限りがあるため、最寄りの蘇澳駅周辺をあたるのが良さそうです。

南寧魚市場
| Nanning Yushichang |

【Map (P155) / F+3】

●住所：宜蘭縣蘇澳鎮內埤路185號194號
●アクセス：台鉄「蘇澳駅」から徒歩約二分の蘇澳バスターミナルより、国光客運のバス・1766番「烏石港」行きに乗り、約十五分の「南方澳（南寧市場）」下車すぐ。または、「蘇澳駅」、台鉄「永楽駅」より、タクシーで約十分。

午後三時～四時頃に並ぶ
獲れたての新鮮な魚をゲット！

上の南方澳には三つの港と市場がありますが、そのうちの一つがここ。午後三時～四時頃から水揚げされた魚が並び、多くの人で賑わいます。

見学だけでも楽しいですが、ここで買った魚を近くの食堂に持っていけば、そのまま調理してもらうことも可能。是非お試しください。

豆腐岬
| Doufujia |

【Map (P155) / F+3】

●住所：宜蘭県蘇澳鎮南方澳漁港東側
●アクセス：台鉄「蘇澳駅」より、徒歩約二分の蘇澳バスターミナルより、国光客運のバス・1766番「烏石港」行きに乗り、約十五分の「南方澳（南寧市場）」下車、徒歩約五分。または、「蘇澳駅」、台鉄「永楽駅」より、タクシーで約十分。

豆腐に似たリーフ岩がある
南方澳の絶景ポイント

南方澳漁港の東側に、陸続きの島があります。その入り江に広がるリーフ岩が「豆腐に似ている」ということで、この名前に。

周辺ではシュノーケリングや水遊びもできる上、日の出や夕焼けの鑑賞スポットとしても有名。南方澳に来たらセットで散策すると良いでしょう。

台湾あるある　縦組みだと思ってがんばって読んでいたが、よく見たら横組みの文章だった。

蘇澳冷泉公園
| Suao Lengquan Gonyuan |

【Map (P155)／F＋3】

● 住所：宜蘭縣蘇澳鎮冷泉路6-4號
● アクセス：台鉄「蘇澳駅」を出て、北側・東西に伸びる中原路を左折。三十メートルほどにある中原路を右折。約百五十メートル行った右側にある。徒歩約五分。

宜蘭の名泉の一つの
炭酸カルシウム水の冷泉

宜蘭の名泉の一つとして日本統治時代から有名な蘇澳冷泉。炭酸カルシウム水の冷泉で、ラムネや羊羹作りに転じられることもあるとか。

夏場は水着の老若男女がこの冷泉で暑気払いがてら泳いだりしますが、かなり水が冷たいので、夏場でも結構冷えます。

蠟芸蠟筆城堡
| Layi Labi Chengbao |

【Map (P155)／F＋3】

● 住所：宜蘭縣蘇澳鎮海山西路500號
● アクセス：台鉄「新馬車駅（旧：新城駅）」下車、徒歩約六分。または、台鉄「蘇澳駅」より、タクシーで約十五分。

巨大なクレヨンがある
DIYが人気の工場

宜蘭には工場見学やDIY体験をさせてくれるところが多いですが、特に有名なのがこのクレヨン工場。近年、改装されましたが、巨大なクレヨンが建つ施設は以前と変わらずです。

館内ではクレヨンの製造工程がわかる上、DIY体験も。お子さま連れの旅なら超お勧めです。

冬山河親水公園
| Dongshanhe Qinshui Gonyuan |

【Map (P155)／F＋2】

● 住所：宜蘭縣五結郷親河路二段2號
● アクセス：台鉄「羅東駅」より、首都客運のバス・緑21番「傳統藝術中心」行きに乗り、約十五分の「冬山河親水公園」下車すぐ。

水をテーマにした
レジャー施設

冬山河沿いの五結にある水をテーマにしたレジャー施設。小さなお子さんから大人までが楽しめるアクティビティが満載で、ここに来るためだけに宜蘭を訪れるのも良さそうです。

また、毎年の端午節の際は、冬山河でドラゴンボートレースも開催されます。

羅東夜市
| Luodong Yeshi |

【Map (P155)／F＋2】

● 住所：宜蘭縣羅東鎮興東路與民權路口
● アクセス：台鉄「羅東駅」より、西に伸びる公正路を四百メートルほど行き、興東路を左折し、百メートルほどのエリア。所要時間、徒歩約十分。

宜蘭最大の夜市
飲食は近隣の中山公園で

宜蘭最大の夜市。飲食屋台の種類が多いため、特に週末や休日は歩くのもままならないほど賑わっています。

食べ歩きが難しいからか、屋台で買ったものを近くの中山公園に持ち込んで食べる人が多いです。公園には水道やトイレもあるので、何かと便利です。

金車員山蘭花園
| Jinche Yuanshan Lanhuayuan |

【Map (P155)／F＋2】

● 住所：宜蘭縣員山郷員山路二段175巷25號
● アクセス：「宜蘭」バスターミナルより、国光客運のバス・1786番「内城（經深溝）」行きで、約三十分の「成功路」下車、徒歩約八分。

台湾最大の蘭園
サボテンなども必見

「水の故郷」と言われるほど、水が美しい員山にある台湾最大の蘭園。

胡蝶蘭などの豪華なお花を見学するのがメインですが、旅行者にとってはサボテンやいかにも台湾的な小さな鉢、花瓶などのほうに気を惹かれるかもしれません。お土産に是非。

三星
| Sunshin |

【Map (P155)／E＋2】

● 住所：宜蘭縣三星郷
● アクセス：台鉄「羅東駅」より、国光客運バス・1792番「天送埤」行きに乗り、約四十分の「三星一站」下車、徒歩すぐ。

台湾イチ美味しい
ネギのメッカ

台湾イチ美味しいネギのメッカ。ネギ栽培の過程を教える三星青葱文化館では、ネギアイスがあるので食べてみてください。また、近隣にはネギ栽培を体験できる農場もいくつかあります。

右ページの鳩之澤温泉に行く際は必ず通る場所なので、温泉とセットで行くと良いでしょう。

宜蘭

鳩之澤温泉
| Jiuzhize Wenquan |

【Map (P155)／D＋3】

- 住所：宜蘭縣大同鄉燒水巷25號
- アクセス：「宜蘭」バスターミナルより、国光客運のバス・1750番「太平山行き」で、約二時間十五分の「仁澤」下車すぐ。ただし、土日のみ一往復の運行なので要注意。

ハードル高めながら
病み付きになる温泉

　日本統治時代は"仁澤温泉"と呼ばれ親しまれた太平山の中にある温泉。ヌルっと柔らかいアルカリ性炭酸泉ですが、温泉天国の台湾の中でもかなり独特で、一度入ると病み付きに。

　ただし、アクセスがしにくく、宿泊施設もなく、日帰り入浴が基本。山に入るときは入山料を払い、続いて施設で入浴料を払う仕組みでもあり、旅行者にとっては結構ハードルの高い温泉でもあります。なので、近隣の名所散策とセットで訪れるのが良さそうです。

寒溪吊橋
| Hanxi Diaoqiao |

【Map (P155)／E＋3】

- 住所：宜蘭縣大同鄉寒溪村
- アクセス：台鉄「羅東駅」より、国光客運のバス・1795番「寒溪」行きに乗り、約一時間二十分の終点「寒溪」下車、徒歩約四分。または、台鉄「冬山駅」より、タクシーで約四十五分。

台湾人秘境マニアに人気の
宜蘭最長の吊橋

　番社坑溪は、水が冷たく流れも急だったため"寒死人溪"という名で呼ばれることもあった川。その上流にかかるのがこの吊橋で、全長三百二十四メートルに及びます。

　近くには日本統治時代に建てられた寒溪神社跡もありますので、セットで行ってみてください。

明池
| Mingchih |

【Map (P155)／D＋2】

- 住所：宜蘭縣大同鄉英士村明池山莊1號
- アクセス：台鉄「宜蘭駅」より、明池山莊まで有料で送迎あり（山荘の宿泊客ではなくても利用可能だが、要予約）。所要時間、約二時間半。または、台鉄「羅東駅」より、タクシーで約一時間四十分。

まるで仙境のような森林地区
場所によって移り変わる景色を堪能

　上の鳩之澤温泉から蘭陽溪を挟み、西側の一角にある森林地区で、散策を楽しむことができます。

　密生した森林や行き交う鳥やリスを見ると、まるで俗世界からかけ離れた仙境にいるように錯覚するほどです。同時に、宜蘭がいかに奥深い地域であるかも思い知らされます。

台湾あるある　台湾人は新しい生活用品を好まない。

宜蘭設治紀念館
| Yilan Shezhi Jinianguan |
【Map (P155) / F+2】
●住所：宜蘭縣宜蘭市舊城南路力介3巷3號
●アクセス：台鉄「宜蘭駅」を出て、光復路を直進。百メートルほどの台7号線を左折。四百メートルほど行った左側。所要時間、徒歩約十五分。

かつての庁長官邸が日本統治時代の紀念館に

もともとは日本統治時代の庁長官邸。後に修復され現在は紀念館として開放されています。

館内には、太平山のヒノキを使った日本式木造民家、西洋建築の他、美しい日本式庭園もあります。日本統治時代の宜蘭の歴史を知ることができる貴重な施設です。

東門夜市
| Dongmen Yeshi |
【Map (P155) / F+2】
●住所：宜蘭縣宜蘭市聖後街
●アクセス：台鉄「宜蘭駅」前を南北に走る宜興路を北方面へ。省道・台7号線の陸橋下にある。所要時間、徒歩約三分。

雨の日でもらくらく！陸橋下の夜市

羅東夜市（P120）と並ぶ宜蘭の代表的な夜市。宜蘭駅に近い陸橋の下にあるので、雨天でも楽に散策することができます。

様々な屋台があって楽しいですが、三星産のネギを使った葱油餅は必食です。青々しいネギの味がクセがなくほのかに甘味があって美味しいです。

望龍埤
| Wanglongbei |
【Map (P155) / E+2】
●住所：宜蘭縣員山郷枕山村坡城路18-6號
●アクセス：「宜蘭」バスターミナルより、国光客運のバス・1789番「大礁渓」行きに乗り、約二十五分の「望龍埤（湖山國小）」下車、徒歩約五分。

数百年前の山崩れにより偶然生まれた美しい湖

宜蘭駅周辺を流れる大礁渓の上流近くにある美しい湖。

湖には、中華式のギザギザの橋が架けられており、どの角度からも周辺の自然を楽しめるよう工夫されています。湖の周囲の遊歩道は約一キロ。散歩と森林浴がてら散策に行ってみてください。

礁渓温泉
| Jiaoxi Wenquan |
【Map (P155) / F+2】
●住所：宜蘭縣礁渓郷
●アクセス：台鉄「礁渓駅」下車すぐ。「礁渓駅」より斜め北西に登る温泉路界隈には、温泉ホテルが多いが、さらに西の徳陽路エリアには湯圍溝温泉公園（左の写真）などの公共施設がある。

何かと使い勝手の良い綺麗な温泉街

東北部屈指の温泉街。台北からアクセスがしやすいこともあり、週末は多くの観光客で賑わっています。ホテル、民宿、足湯、公共温泉と数多くの温泉施設があるので、時間に制限がある旅行者にとっても様々な使い方ができそうです。

個人的には台湾を一周した際、そのまま台北や桃園（P24）に戻るのは味気ない…と、最後の晩をわざとこの礁渓温泉での宿泊にすることもあります。ホテルは台北に比べ、安くて綺麗なところが多いです。

林午鉄工廠
| Linwu Tiegongchang |

【Map (P155)／F＋2】

●住所：宜蘭縣宜蘭市中山路三段310號
●アクセス：台鉄「宜蘭駅」より、光復路を直進。約百五十メートルほどにある中山路三段を右折。約四百メートルほどの右側。所要時間、徒歩約十分。

商店街に突如現れる
銅鑼工場でDIYを

宜蘭駅近くの中山路沿いの商店街にある銅鑼工場。工場内では大小様々な銅鑼が作られており、これを見学するだけでも興味深いですが、旅行者にとってのさらなる魅力はDIYです。

有料ですが、工場の方指導の下、アクセサリーにできる小さな銅鑼を作らせてもらえます。

頭城老街
| Toucheng Laojie |

【Map (P155)／F＋2】

●住所：宜蘭縣頭城鎮和平街
●アクセス：台鉄「頭城駅」より、民鋒路を直進。約百五十メートルほどにある和平街界隈。所要時間、徒歩約五分。

美しい建築が続く
活気ある町並み

台鉄・頭城駅からすぐにある老街。赤レンガの壁に黒瓦の閩南風建築と日本統治時代に建てられた洋館などがあります。

この界隈はかつて近くの烏石港から届いた商品品を取り扱う市場だった名残で、今なお地元の人たちの生活の中心の場となっています。

外澳海灘
| Waiao Haitan |

【Map (P155)／F＋1】

●住所：宜蘭縣頭城鎮濱海路二段6號
●アクセス：台鉄「外澳駅」より、目の前の北部濱海公路を南下。徒歩約十分。または、台鉄「頭城駅」より、タクシーで約五分。

目前に亀山島を望む
サーフポイント

烏石港の外側にある海岸で、台東の東河（P87）と並ぶサーフスポット。海岸に面した小さな路地にはサーフショップやバーなどが数軒あり、開放的な南国ムードが漂っています。

サーフィンをやらない方は、海水浴だけを楽しむこともできます。

亀山島
| Guishan Dao |

【Map (P155)／F＋2】

●住所：宜蘭縣頭城鎮亀山島
●アクセス：台鉄「頭城駅」より、徒歩約十五分の宜蘭賞鯨亀山島旅客船務センターで入島の事前申請をし、フェリーで約三十分。ただし、亀山島の開放期間は例年三月〜十一月まで。

周辺にはクジラも生息する
ウミガメのカタチをしたほぼ無人の島

宜蘭より約十キロにあるウミガメ型の島。島内の廃墟散策、トレッキング、そして近海のホエールウォッチングと併せた観光が人気です。

烏石港よりフェリーで上陸しますが、宜蘭賞鯨亀山島旅客船務センターでの上陸許可が必要です。必ず申請して訪れるようにしましょう。

草嶺古道
| Caoling Gudao |

【Map (P155)／F＋1】

●住所：宜蘭縣頭城鎮大里
●アクセス：台鉄「宜蘭駅」より、区間車（各駅停車）で約四十五分の台鉄「大里駅」下車、徒歩約七分。または、「宜蘭駅」より、区間車（各駅停車）で、約五十分の台鉄「石城駅」下車、徒歩約二十分。

宜蘭から淡水までを繋いだ古道の一部
風光明媚な景色があちこちに！

宜蘭と新北（P12）の境に位置する古道。

清の時代に開かれた、宜蘭から淡水までを繋ぐ淡蘭古道の一部分で、全長は約十キロ。風光明媚な景色と深い歴史を同時に体感できます。しっかり歩いたら数時間はかかるので、最低でも半日は歩く覚悟をして行くようにしてください。

基隆

| Keelung |

　台湾で二番目の貨物取り扱い量を誇る港を持つ基隆。中心街となる平地は狭く、基隆港（P127）周辺の散策はしやすいです。数多くの歴史や事件の舞台でもあったため、エリアには史跡も多くあります。もちろん北東部ならではの自然も豊富なので、史跡と自然の両方を学び、楽しむような散策が良いでしょう。

●アクセス：【台鉄『基隆駅』へ】台鉄「台北駅」より、自強号（特急）で約三十五分、区間車（各駅停車）で約五十分。または、「台北駅」バスターミナルより、国光客運のバス・1813番「基隆」行きで約五十分。または、「台北駅」界隈よりタクシーで約三十～四十分。

基隆の移動術
バスが充実している基隆　バス旅でのんびり巡るのが吉

　台北から基隆までの台鉄でのアクセスは早ければ三十分。基隆港界隈はさほど広くない上、海沿いの名所までもだいたいバスが運行しているので、きちんと調べさえすれば、移動に困ることはないでしょう。

　海沿いを巡る際、レンタカーやレンタバイクがあると便利ですが、特にレンタカーは基隆港付近での利用は逆に不便。道が狭く、駐車スペースが限られている上、一方通行も多いため、これが足かせとなることもあります。

　なので、基隆を巡る場合はバスを駆使してのんびり巡るのが便宜的かもしれません。

台湾あるある　新幹線の自由席で席を取り損ねた人が、所在なくシートとシートの間に不自然に立っている。

潮境公園
| Chaojing Gonyuan |
【Map（P156）／C＋2】
●住所：基隆市中正區北寧路369巷
●アクセス：台鉄「基隆駅」より、台湾好行のバス・T99番＜龍宮尋寶（東岸）線＞「瑞芳駅」行きで、約四十五分の「國立海洋科技博物館（主題館）」下車、徒歩約十分。

埋め立て地が公園に生まれ変わった！

基隆港より基金公路を東へ五キロほど行った八斗子という島にある公園。かつてはゴミの埋め立て地だった場所ですが、基隆市政府によって綺麗な公園として再開発されました。

公園のあちこちにはアーティストたちによるインスタレーションが数多く設置されており、特に象徴的なのが巨大ホウキ群。前述のゴミの埋め立て地を具現したものだと思いますが、"インスタ映えする新しい基隆の景色"として台湾人の間で人気があるようです。

基隆

八斗子望幽谷
| Badouzi Wangyougu |
【Map（P156）／C＋2】
●住所：基隆市中正區八斗街（八斗子海濱公園）
●アクセス：「基隆」バスターミナルより、基隆市のバス・107番「八斗子」行きで約三十分の「福豐宮」下車、徒歩約十五分。または、台鉄「瑞芳駅」より、タクシーで約十五分。

日本人旅行者はまだ少ない基隆の絶景ポイント

上の潮境公園を有する八斗子一帯に、七斗山という山があります。八とか七とか混乱しますが、この山間にある絶景ポイントが八斗子望幽谷です。

起伏が激しく、散策はそれなりに大変ですが、ここから眺める朝日を目当てに訪れる台湾人も多いです。また、向こうに見える島は無人島の基隆嶼で二〇一九年、四年ぶりに開放されるようです。

八斗子漁港
| Badouzi Yugang |
【Map（P156）／C＋2】
●住所：基隆市中正區北寧路211號
●アクセス：台鉄「基隆駅」より、台湾好行のバス・T99番＜龍宮尋寶（東岸）線＞「瑞芳駅」行きで、約四十五分の「漁貨直銷中心（碧砂休閒港區）」下車、徒歩約五分。

漁港の見学＋食事＋クルージングと旅行者に便利な漁港

八斗子よりやや基隆港よりにある漁港。界隈には獲れたての生魚や加工品を売る店、魚介専門の食堂もあるので、お昼どきに行ってみると良いでしょう。

また、近年は観光客誘致に力を注いでおり、観光漁船やクルージング船の運行もスタート。これらも併せて利用してみるのも良さそうです。

市井のオジサンがニュースに取り上げられることがある。

八尺門
| Bachimen |

【Map (P156) / C+2】

●住所：基隆市中正区正濱路海濱里116巷内（阿根納造船廠遺址）
●アクセス：「基隆」バスターミナルより、基隆市のバス・104番「新豐街」行きで約十五分の「中正路正濱路口」下車、徒歩約八分。

旧駅舎→旧造船所の骨組みだけが残る名所

基隆港より約二キロにある和平島。島に渡る和平橋の下から海岸の間に、かつて八尺門漁港という港があり、おおいに栄えた時代がありました。当時、港の繁栄と合わせて金鉱を運ぶ列車が運行され駅も作られましたが、金瓜石（P14）が廃坑となると、駅、列車ともに撤廃。

後にこの駅をアメリカの企業が造船所として再利用したものの、経営悪化のため撤退。結果的に、その建物跡が歴史を物語る遺跡として、骨組ムキ出しのまま今も保存されています。

和平島公園
| Hepingdao Gonyuan |

【Map (P156) / C+2】

●住所：基隆市中正区平一路360號
●アクセス：台鉄「基隆駅」より、台湾好行のバス・T99番＜龍宮尋寶（東岸）線＞「瑞芳駅」行きで、約三十五分の「和平島公園」下車、すぐ。または、台鉄「基隆駅」より、タクシーで約十五分。

語り尽くせぬほどの歴史がある和平島の美しい公園

古くは西洋人、漢民族、琉球人が暮らした和平島（旧社寮島）。有名な社寮島事件の舞台でもあり、その歴史は語り尽くせないほどあります。

この和平島の一角が公園として綺麗に整備されています。周辺の奇岩の美しさと併せて、基隆、そして台湾の歴史を堪能できる名所です。

二沙湾砲台
| Ershawan Paotai |

【Map (P156) / C+2】

●住所：基隆市信義區壽山路（中正公園内）
●アクセス：「基隆」バスターミナルより、基隆市のバス・204番「深美分站」行きに乗り、約十分の「體育場」下車、徒歩約十三分。または、台鉄「基隆駅」より、タクシーで約十分。

台湾島を守るべく、高台に建築されたシンボリックな砲台

別名：海門天険。もともとはアヘン戦争時のイギリス軍侵入の有事に備えて建設されたものですが、後に再建され、現在は台湾島を守るシンボリックな古蹟として残されています。

海に面した高台に二つの砲台がありますが、高台から眺める景色も素晴らしいので是非散策を。

軽トラのような小さい青いトラックがノロ過ぎる。

基隆

基隆港
| Keelung Gang |

【Map (P156) ／C＋2】

●住所：基隆市仁愛區忠一路
●アクセス：台鉄「台北駅」より、自強号（特急）で約三十五分～四十五分、区間車（各駅停車）で約五十分の台鉄「基隆駅」下車、すぐ。

廟口夜市
| Miaokou Yeshi |

【Map (P156) ／B＋2】

●住所：基隆市仁愛區愛四路20號
●アクセス：台鉄「基隆駅」前の忠二路を直進。愛一路を越えると、この道が仁三路となり、さらに直進するエリア。徒歩約十分。

白米甕砲台涼亭
| Baimiwong Paotai Liangting |

【Map (P156) ／B＋2】

●住所：基隆市中山區光華路37號
●アクセス：「基隆」バスターミナルより、基隆市のバス・301番「太白荘」行きで約二十分の終点「太白荘」下車、徒歩約十分。

高雄港と並ぶ
台湾の代表的な港の一つ

言わずもがな基隆の中心にあり、各国のクルーズ船が寄港することで世界中に知れ渡る、台湾の代表的な港の一つ。

この港により基隆の町や文化が形成されています。特に東側には数多くの食堂や商店があるため、旅行者にとっての拠点にもなります。

百年以上の歴史を持つ
提灯だらけの名物夜市

基隆を訪れたことがない台湾人でも、その名だけは知っている名物夜市。人が集まる廟の周りに屋台が増え、後に夜市へと転じた経緯があります。

過剰とも思える提灯の数ですが、いかにも台湾的で楽しい景観です。基隆の夕飯はこの夜市で食べるのも良いでしょう。

日本統治時代に
再建された砲台跡

基隆港の西北側、基隆灯塔の近くにある砲台の跡地。二沙湾砲台同様、元々はアヘン戦争時の対策として整備された場所ですが、日本統治時代に再建されそのまま残されています。

各施設は今なお緊張感がありますが、同時に歴史を体感することができます。

中正公園
| Zhongzheng Gonyuan |

【Map (P156) ／B＋2】

●住所：基隆市信義區壽山路
●アクセス：「基隆」バスターミナルより、基隆市のバス・101番「和平島」行き、104番「新豐街」行きなどで約十分の「市政府（柯達飯店）」下車、徒歩約十五分。

一帯を一望できる
基隆最大の公園

基隆港の東側の山一帯が基隆最大の中正公園。エリア内には忠烈祠、公園、バスケットコートがあり、頂上部には観音像と、それを守る狛犬がいます。この観音像がある一角から眺める基隆一帯は綺麗です。

あまりの美しさにお賽銭をしたくなりますが、お賽銭池には観音さまの手を模した棒が「くれくれ」と言わんばかりにグルグル回っています。一緒に行った台湾人の友だちは「名所だけど、これだけは謎」とポツリと呟いていました。

台湾あるある　ねぎを乗せたピザとかパンがある。

column

基隆＋新北をセットで巡る
二つのお勧めコース

基隆市内から2号線を新北の萬里方面へ。右手の内木山を抜けたあたりから眺める大武崙澳底漁港の景色は最高です。

基隆と新北に混乱！

　本書の「その1」で紹介した新北は、台北市をグルっと囲むような地域ですが、その北部では基隆市もグルっと囲んでいます。

　正直に言いますと、本書をまとめるまでは「基隆市にある」と思っていた名所が実は新北市内だったり、その逆も然りで、ちょっと混乱した経緯がありました。

　それくらい新北の北エリアと近い基隆ですが、巡る際はやはり基隆だけでなく、新北もセットで巡るほうが良いでしょう。ここでは、お勧めのコースをご紹介します。

基隆と新北、二つのお勧めコース

①新北の三貂角～基隆コース（定番の巻）

　新北の北東側にある三貂角まで一気に行き、海岸線を基隆方面へと目指す。

　途中、福隆海水浴場（P13）、黄金瀑布（P14）、金瓜石（P14）、九份（P14）などを散策。各地をしっかり見て回るとなると、丸一日ではキツめですが、がんばればかなり充実した旅になるはずです。

②基隆～新北の淡水コース（独特の巻）

　基隆を拠点にし、北東から北西までの北海岸を淡水を目指して巡る。途中、野柳地質公園（P17）、金山、石門などを散策。海岸線には変わった廟やお寺や珍景も多いので、①よりも台湾の独特の風土や感覚を感じることができるはずです。

　そして、①よりもグルメスポットが多いのも特徴です。金山なら鴨肉料理やサツマイモが有名ですが、お勧めなのがバス通り沿いにある金山王肉包。ここの肉まんは安くて美味しいです。

　さらに石門の2号線沿いにはちまき屋さんが数軒あります。劉家肉粽という店が一番人気ですが、ここ以外のお店もなかなか。いくつか買って食べ比べながら付近を散策するのも良いでしょう。

　また、石門の先の富基漁港（P18）では自分で魚介を選んで購入し、近くの食堂に持っていくと料理してくれるというサービスもあります。ここで新鮮な魚料理をおつまみに、海岸の風を浴びながらビールで乾杯…クー！　たまりませんね。

　ただし、こんなことをやっていたら丸一日あってもキツいかもしれません。うまく計画を立てて、あなただけの基隆＋新北の旅を満喫してください。

その7 お買い物、お勉強、困ったときの言葉の巻

「その1」〜「その6」までで、台湾を一周したことになりますが、各地では、台北ではなかなか見つけられない様々な"物"に出会うことがあります。特に、"跳蚤"という各地の蚤の市では、何十年も前の台湾の生活雑貨に出会うことが多々あります。こういったお買い物も地方散策の魅力の一つ。これまでに各地で買った、台湾ならではの物たちを紹介します。

また、本書で紹介した通り、台湾各地には、台湾人にとって意味深い場所が数多くあります。一見の旅行者が、その重みを理解するのはなかなか難しい名所も多いですが、各地の意味、そして台湾と日本の深い関係と歴史をよく知るため、また、各地の風土、文化、地理を知る際に旅行者に役立つ本を紹介します。

さらに、台湾各地を巡る際に、旅行者にとっての不安はやはりアクシデントです。病気、事故などへの危機管理は不可欠ですので、最後に"困ったときの言葉"もいくつか紹介します。

お買い物

|買東西|

　日本の工業製品は、機能やデザインともにある意味洗練されていますが、一方、台湾のそれは無骨ながら、不変の機能性に富んでおり、実は良い物が沢山あります。特に地方部で台湾ならではの慣習、文化に根付いた物を見つけると持ち帰る手段は二の次で、どうしても欲しくなってしまいます。台湾人の友だちからすると「どうしてそんな物を…」と映ることもあるようですが、僕にはどれもお宝なのでした。

■必殺の食堂テーブル

　僕はキャンプが趣味なので、日頃のキャンプ用に…と、台湾の食堂テーブル・椅子を買い、船便で日本に送りました（P48）。キャンプ仲間は全く無反応、うちの家族はドン引きでしたが、常にクルマに積んでおき、いつでも広げられるようにしています。右のように台湾のテーブルクロスをかければ完璧！
　ちなみに、このテーブル類は台北でも買えますが、テーブルメーカーのお膝元・彰化（P39）の日曜大工店などでも、よく売っています。

台湾あるある　ハリボテの動物に、思い思いの色を塗った置き物が空港にある。

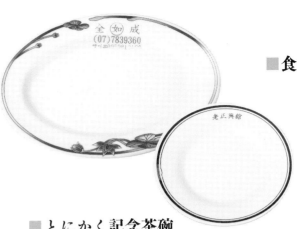

■食堂メラミン食器

　日本で食べる台湾料理はなんか違う…と常々思っていますが、その理由の一つが器。やっぱり台湾の食堂のチャチぃメラミンじゃないと雰囲気が出ません。さらに食堂の名前があればなお良し！
　というわけで、高雄の跳蚤（P135）で、全然知らない食堂の中古メラミン食器を何枚もセットで10元でゲット。

■とにかく記念茶碗

　跳蚤でよく見かけるのが、何かの記念茶碗。台湾では、卒業、周年、結婚…なんらかの記念の際には、とにかく茶碗とかコップを作るんじゃないかと思えるほどよく見かけるので、僕の中では密かに「とにかく記念茶碗」と呼んでいます。
　この漢字にシビれるようになったら、立派な台湾病かも。やっぱりカッコ良い！

■政治陶器

　定番のガイドブックには「台湾人に政治の話はタブー」とありますが、これは本当です。何も知らない日本人がうかつなことを言って、大変なことになることもあります（恥ずかしながら、僕も経験済みです）。
　ですが、やはり気になるこの手の政治陶器。あまり出回らない物だけに、やはり無視することができません。一個五元でした。

■子ども用動物レンゲ

　これも各地の跳蚤でよく見かける、子ども用のレンゲ。中古なので、せいぜい三個で五元くらいで買えるものですが、ユル過ぎる、動物のこの感じがいかにも台湾的でたまりません。
　このレンゲを買ったのは、ほぼ毎日開催の新北の重新橋の跳蚤（P135）。台北からも淡水河を渡ってすぐなので、是非行ってみてください。

台湾あるある　女の子のブラ線が思いっきり透けている。

■かわいいショットグラス

各地の跳蚤にはほぼ必ずガラス製品ばかりを扱うブースがありますが、そんな中で見つけたのがこれ。度数の高い高粱酒などを飲む際のショットグラスですが、そのハードな酒に対して、こんなにかわいいプリントが！

■とにかく記念グラス

前ページの「とにかく記念茶碗」のコップ版。
ほとんどが各地の跳蚤で購入したものですが、右下の「開喜」のグラスは、レストランで出てきたもの。どうしても欲しくなり「これ、くれない？」と無茶なお願いをしたところ、「内緒よ！」とこっそり譲ってくれました。

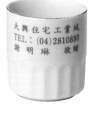

■女性ファッション誌御用達カゴ

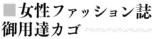

日本の女性ファッション誌が紹介したことで人気となった台湾のカゴ製品。実際に使うと、確かにオシャレで良い感じです。
台北・迪化街のカゴ屋さんが有名ですが、僕は花蓮（P88）郊外の花東公路沿いのカゴ屋さんで買っています。ただ、迪化街と違い、地方のカゴ屋さんはプロユースというか、お店の人が何故か怖かったりもします。

お買い物

■台湾版七輪

嘉義（P50）をはじめ南部で古くから使われている台湾式七輪で、その名を烘爐と言います。

烘爐は嘉義界隈の金物屋さんなどで入手できますが、僕は民雄（P53）にある製造工場にアポなしで訪ね、見学も兼ねていくつかを買わせていただきました。一個百五十元。

小ぶりですが、やはりキャンプで大活躍。軽くお湯を湧かすときに最適です。

■蒸せるポット

新北の金山老街（P17）付近の金物屋さんで買ったポット。炊くのはもちろん、蒸し皿も付いており、食べ物を温めたいときに活躍。左の烘爐と合わせて使えば台湾気分で盛り上がります。

■金門の包丁

僕は中華料理作りも趣味なので、台湾ではかなり有名な金門（P110）の中華包丁が欲しいと思っていたのですが、欲しいと思う物は安くても三千元以上と、なかなか手が出ません。

そこで買ったのが、金城老街（P111）で見つけた七百元の簡易的な中華包丁。

…なのですが、これでも十分な切れ味。研ぎ続ければ一生使えそうな代物でした。

■道教ランタン

これも金山の金城老街（P111）の仏具屋さんで見つけた真っ赤なランタン。

ロウソクを入れ、道教の祭事や廟などで使うようですが、台湾人の友だちに聞いても、誰も正しい使い道を知りません。ご存知の方は是非教えてください。

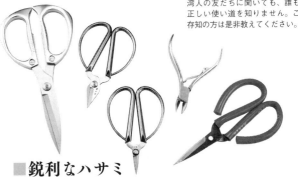

■鋭利なハサミ

各地の跳蚤では、工業用重機や道具などもよく売られていますが、ほぼどこでも手に入るのがハサミ類です。用途ごとに異なる様々なハサミがあり、安全かどうかはさておき、そのどれもが鋭利で切れやすいです。特に大型のハサミは、危険なほどの切れ味。なんでもかんでもザクザク切れます。

台湾あるある　人が全然いない田舎町に、急にウマい店がある。

■龍のぬいぐるみ

台湾はもちろん、中華神話には必ず出てくるシンボル・龍のつり下げ式のぬいぐるみ。どういった理由で、そのパーツが付けられているのかわからないものの、細部までこだわり抜かれた逸品で、一目惚れして即買いしました。
台北でも買えますが、僕は北港・森興燈籠店（P43）向かいのお土産屋さんで購入。四百元。

■ドラえもん風アクセサリー

台湾各地には様々な酒廠（酒工場）がありますが、花蓮（P88）の花蓮観光酒廠は、道の駅的な雰囲気もあり、地元の人たちの手作り品も売られています。
そんな中で見つけた、一個五十元のドラえもん風のアクセサリーがこれ。いかにも台湾チックなルックスにシビれます。

■原住民トンボ玉アクセサリー

原住民文化に根付いたトンボ玉アクセサリー。女性ならシンプルな服に一点だけ取り入れると、オシャレそう。
これらは、トンボ玉のDIYもある屏東の三地門（P67）や台東（P82）などで購入しました。

■デッドストックの自動巻腕時計

跳蚤で必ず探すのが、六〇～七〇年代の自動巻腕時計です。日本製が大半ですが、数百元で売られていることもありつい買ってしまいます。もちろん、女性モノもよく見かけます。

明るい人が多い台湾人だが、色々な人と接してみると、かなり暗い人もいる。

お買い物

■必殺の汎用バッグ

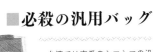

台湾では定番のシマシマの汎用バッグ。外国人旅行者にも人気があるということで、ここ十年で様々な柄が追加され始めています。

これも台北・迪化街で卸値に近い価格で売られていますが、僕はやはり花蓮（P88）郊外の花東公路沿いのカゴ屋さんで買っています。

■台東の帆布バッグ

台湾の帆布バッグは台南（P54）が有名ですが、近年ファッション誌で紹介され人気が高まっているのが台東（P82）の台東帆布行のもの。ビニール引きのシマシマを基調にしたものが大半で、いずれも数百元と安価。すぐ近くにある東昌帆布行（台東帆布行のオーナーの親戚だそう）にも微妙に違う商品があるので併せてチェックを。

地方の跳蚤（蚤の市／フリーマーケット）に行ってみよう！

新北・重新橋観光市集
| Xinbei, Zhongxinqiao Guanguangshiji |

【Map（P146）／B +2】

●住所：新北市三重區疏洪十六路
●アクセス：台北MRT「先嗇宮駅」下車、徒歩約十五分。または、台鉄「台北駅」より、タクシーで約二十分。

ほぼ毎日開催で、台北からもアクセスしやすい跳蚤。出店数も多く、どんな嗜好の人でも何か必ず買う物があるはず。

ちなみに併設の屋台エリアでは大骨湯という巨大なスペアリブのスープが大人気です。

台中・太原跳蚤市場
| Taichung, Tayuan Tiaozaoshichang |

【Map（P149）／E +2】

●住所：台中市北區太原路三段
●アクセス：台鉄「太原駅」より、徒歩約五分。または、台鉄「台中駅」より、タクシーで約二十分。

台中（P34）では最も大きな跳蚤で、全出店を細かく見るなら数時間は覚悟すべき場所。

新品のアウトレット品から、どうやって使うのかよくわからない中古の工業製品までがズラリと並んでいます。

高雄・凱旋跳蚤市場
| Kaohsiung, Kaixuan Tiaozaoshichang |

【Map（P151）／D +3】

●住所：高雄市凱旋四路758號
●アクセス：高雄MRT「凱旋瑞田駅」下車すぐ。または、台鉄「高雄駅」より、タクシーで約二十五分。

土日限定の跳蚤でありながら、南部では最も有名なマーケット。エリア内はまさにカオスで、オールジャンルの古い物から新しい物までがズラリ。

ただし、埃っぽいので、散策の後は手洗い必須です。

あるある　プラットホームから線路を降りて、向こうのプラットホームへ人が歩いて行った。

■学生服

イギリスのスクールジャケットやポロ競技の制服がファッションに採用されたのと同様、僕には台湾の学生服が超オシャレに見えて仕方がありません。
ということを言っても、誰も共感してくれないですが、最近では各地を巡る際、学生服屋さんに寄り、学生服を買って持ち帰っています。だいたいシャツ一枚で四百元くらい。名前の刺繍が五十元くらい。

■学生カバン

台湾人には馴染み深い帆布製の学生カバン。「大人なのに使ったりしてボケちゃいました。テヘッ♪」みたいな感じの面白アイテムとして、台湾でも一定の支持がありますが、よく見ると、学校によって作りやデザインが全然違います。特に嘉義高中の学生カバン（右）は秀逸。色々理由を言って学校内の購買部に入らせてもらい、苦労して買った逸品です。

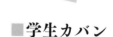
ホテルの朝食のバイキングで、全然知らない台湾人の団体と同じテーブルになる。

お勉強

| 學習台灣 |

　台湾は日本人にとって、他の諸外国と比べて旅行しやすい国であることは間違いありませんが、しかし、その歴史、特に日本との関わりや風土、慣習、文化、そして詳細な地理を理解するのは、一見の旅ではなかなか難しいです。
　そういったときに役立つのが台湾にまつわる数多くの本です。特に我々日本人旅行者にとって、興味深い本をここで紹介します。

**片倉佳史の
台湾新幹線で
行く台南・高雄の旅**
（二〇〇七年・まどか出版）

　片倉佳史さんは台湾の正しい歴史、情報を日本人に伝えるライターとして、台湾ファンの間では有名な方。著書はどれも良書ばかりですが、この本は僕が台湾に本格的にハマるきっかけとなった一冊です。
　当時開通した高鉄（新幹線）を使って行く南部の旅を提案しながらも、単に高鉄沿線だけでなく周辺の町の細やかな紹介をした初のガイドブックでした。

　僕が持っている本は、読み込んだせいで実はもうページがバラバラです。それでも、各地に旅に出る前に一ページずつ…というより、一枚一枚改めて読んで、予習しています。
　また、版元のまどか出版は、台湾にまつわる良書を多く刊行していましたが、最近は刊行がない様子。是非また新刊を出して欲しいと願っています。

台湾あるある　オシャレなショッピングモールにも、夜市風の屋台が絶対に出ている。

巻の7 お買い物・お勉強、困ったときの言葉の巻

臺灣懷舊1895-1945
絵はがきで語る50年
（一九九〇年・創意力文化事業）

日本統治時代の絵はがきを集めた大型写真集。各図版には、中文と日本語で各地の詳細なキャプションが記されており、各地を見て回った人なら、この古い写真群、そして歴史の深さに感動するはず。

一九九〇年に台湾の創意力文化事業という出版社から刊行された本で、現在は古書として入手可能。定価一万二千円、古書市場でも九千円くらいの高額本ですが、台湾ファン必見の一冊です。

台湾縦貫鉄道
西川満・著
（一九七九年・人間の星社）

幼少期を台湾で過ごし、台湾の出版文化、文学表現の向上に惜しみなく力を注いだ作家、編集者の西川満。台湾での評価が高いことに加え、近年日本国内でも再注目されており、多くの著書はいずれも古書市場で高額になっています。

そのうちの一冊がこちら。台湾の歴史に沿って書かれた自叙伝的な創作小説ですが、西川満が体験した、日本統治時代の台湾が生々しく綴られています。

ビジュアル年表
台湾統治五十年
乃南アサ・著
（二〇一六年・講談社）

国立台湾歴史博物館、そして資料を多く所蔵していた台北のカフェ、秋恵文庫（現在は閉店）の協力の下に作られたビジュアル年表。

やはり日本統治時代の貴重な資料を転載しながら、五十年の歴史を追いかけた本です。その名の通り、まずビジュアルの素晴らしさに目を奪われますが、解説も細かく、日本統治時代の台湾の歴史がよくわかる本です。

水の奇跡を
呼んだ男
平野久美子・著
（二〇〇九年・産経新聞出版）

かつて雨期には洪水を起こし、乾期には干上がった屏東（P66）の村に、地下ダムを作ることで貢献した鳥居信平。日本ではあまり知られていませんが、台湾では神格化されている日本人の一人です。

本書は鳥居が地下ダム開発に至った経緯、地域の特性、地下ダムの構造などに至るまでを、あらゆる角度から取材・レポートした平野久美子さんによるもの。

台湾秘話
霧社の反乱・民衆側の証言
林えいだい・著
（二〇〇二年・新評論）

有名な、日本統治時代最大の抗日運動・霧社事件（※霧社P78）の真実を民衆に取材し、歴史をひもといた一冊。作家の故・林えいだいさんによるもので、「（完成まで）約十年以上をかけた」とあるだけに、事件にまつわる詳細なレポートが多く収録されています。

本書がなかったら、映画『セデック・バレ』もできていなかったであろう貴重な文献です。

戦略将軍 根本博
ある軍司令官の深謀
小松茂朗・著
（一九八七年・光人社）

元日本陸軍出身で、蒋介石への恩義から台湾へ渡り、金門（P110）で中華民国軍人として中共を破り台湾に命がけで貢献した根本博の伝記。著者は故・小松茂朗さんで、根本博研究の先駆的な一冊です。

近年、門田隆将さんの『この命、義に捧ぐ』の大ヒットで再注目されている根本博ですが、門田さんの本と合わせて読むと、よりその逸話が浮き彫りになるはずです。

台湾あるある　テレビのコマーシャルが入らないのか、ずっと同じドラマの宣伝が流れている。

お勉強

我們的島
柯金源・著
（二〇一八年・衛城出版）

　長く台湾に通っていると、各地の天変地異によってなくなる村、寸断される道路などがあまりに多いことに気付きます。
　その非常に多い自然災害を、過去三十年に絞り詳細にまとめた台湾・衛城出版刊行の大型本。中文ですが、自然災害以前、以後で地域がどう変わったかがビジュアルで解説されているのでよくわかります。

什貨生活
（二〇一四〜二〇一五年・叁捌旅居）

　高雄で長い歴史を持つ元ウェディングドレス店が、歴史と地域の文化、地元住民との絆を復活させようと一念発起。店舗をゲストハウスにし各国の旅行者との交流を図るスペースに転じた他、地域の文化を紹介するローカル雑誌『什貨生活』を出版しています。
　商業出版ではない分、その熱量がすごいです。これこそ普通のガイドブックでは紹介し切れない高雄の一角の文化が満載です。

台湾遊透透 地図王
（二〇〇五年・戸外生活）

　台湾の地図専門の出版社、戸外生活が発行していた台湾全土を網羅した大型地図。しばらくの間、僕はこの重い地図を背負って各地を旅していました。使い過ぎたせいでボロボロになり、この地図もカバーがなくなり、なくなっているページもあります。
　他社の地図も数冊持っていますが、見やすさはダントツ戸外生活。現在は各地により特化した地図シリーズに継承されているようです。

台湾あるある　台湾人との待ち合わせ時間は、ギリギリになるまで決まらない。

困ったときの言葉

| 問題發生時的中文 |

　台湾各地を巡るとなると、どうしても数日以上の日数が要ります。そうなったときに不安なのが病気、事故などのアクシデント。実は僕も結構やらかしていて、これまでの百回以上の来訪で、五回ほど現地の病院にかかっています。確率的には約二十回に一度の割合です。長くなるのでその内容は割愛しますが、自分では「大丈夫」と思っていても、こればかりは予測できません。

　ここでは、台湾旅行中に、なんらかのアクシデントが生じた際に役立ちそうな言葉を中文、ピンイン（ローマ字での読み方）で載せています。万一の際の備えや、実際のトラブル時に役立ててください。

【台湾での緊急連絡先】
■事件・事故のトラブル全般…110番（警察）
■怪我、病気全般…119番（救急）
■盗難、交通事故など…02-2556-6007（台北警察局外事服務站）
■パスポートの紛失…02-2388-9393（台湾内政部移民署）
■パスポートの再発行…02-2713-8000（日本台湾交流協会台北事務所）または、07-771-4008（日本台湾交流協会高雄事務所）

■ 体調を崩したときの言葉

日本語	中文	ピンイン
お腹が痛いです	我肚子痛	Wo du zi tong
頭が痛いです	我頭痛	Wo tou tong
昨晩から熱があります	昨天晚上開始發燒	Zuo tian wan shang kai shi fa shao
寒気がします	我覺得發冷	Wo tou tong
喉が痛いです	我喉嚨痛	Wo thou long tong
めまいがします	我感到頭暈	Wo gan dao tou yun
咳が止まりません	咳嗽不止	Ke sou bu zhi
とても気分が悪いです	我很不舒服	Wo hen bu shu yu
食欲がありません	我沒有食慾	Wo mei you shi yu
吐き気がします	我想吐	Wo xiang tu

台湾あるある　「你好、你好、你好」「バイバイ、バイバイ、バイバイ」と、不必要に挨拶を連呼する人がいる。

困ったときの言葉

日本語	中文	ピンイン
歯が痛いです	我牙痛	Wo ya tong
じんましんが出ました	我得了蕁麻疹	Wo de le xun ma zhen
鼻水が出ます	我流鼻水	Wo liu bi shui
下痢をしています	我拉肚子了	Wo la de zi le
近くに薬局はありますか？	請問附近有藥局嗎？	Qing wen fu jin you yao ju ma?
病院に行きたいです	我想去醫院	Wo xiang gu yu yuan
日本語の話せるお医者さんはいますか？	有沒有會日文的醫生？	You mei you hui ri wen de yi shen?
入院する必要がありますか？	我需要住院嗎？	Wo xu yao zhu yuan ma?
安静にする必要がありますか？	我需要休養嗎？	Wo xu yao xiu yang ma?
診断書をください	請給我診斷書	Quing gei wo zhen duan shu

■事故が起きたときの言葉

日本語	中文	ピンイン
交通事故が起きました	發生交通事故	Fe sheng jiao tong shi gu
警察を呼んでください	請叫警察	Qing jiao jing cha
救急車を呼んでください	請叫救護車	Qing jiao jiuhu che
保険会社に電話をかけてください	請給保險公司打電話	Qing gei bao xian gong si da sian hua
怪我はありませんか？	有沒有受傷？	You mei you shou shang?
車にはねられました	我被車撞了	Wo bei che zhuang le
お酒は飲んでいません	我沒喝酒	Wo mei he jiu
これが免許証です	這是我的駕照	Zhe shi wo de jia zhao
私はこのホテルに宿泊しています	我住在這個飯店	Wo zhu zai zhe ge fan dian
パスポートはホテルにあります	我的護照在飯店	Wo de hu zhao zai fan dian

あるある　食堂で伝票にオーダーを書こうとしたが、ペンのインクが出ないので、違うペンを借りる。

■怪我をしたときの言葉

日本語	中文	ピンイン
骨が折れているかもしれません	可能骨折了	Ke neng gu zhe le
足首を捻挫しました	我扭傷了腳踝	Wo niu shang le jiao huai
肉離れをおこしました	我肌肉拉傷了	Wo ji rou la shang le
ヤケドしました	我燒傷了	Wo shao shang le
虫に刺されました	我被蚊子叮	Wo bei wen zi ding
ギックリ腰になりました	我閃到腰了	Wo shan dao yao le
血が出ています	我流血了	Wo liu xue le
保険証はありません	我沒有健保卡	Wo mei you jian bao ka
領収書をください	我要收據	Wo yao shou ju

■物をなくしたときの言葉

日本語	中文	ピンイン
パスポートをなくしました	我的護照丟了	Wo de fu zhao diu le
財布を落としました	我的錢包掉了	Wo de qian bao diao le
クレジットカードをなくしました	我的信用卡丟了	Wo de xin yong ka diu le
カメラを忘れました	我忘記帶照相機了	Qing gei bao xian gong si da sian hua
ホテルの鍵をなくしました	飯店的鑰匙丟了	Fan dian de yao shi diu le
電車に忘れ物をしました	把東西忘在電車上了	Ba dong xi wang zai dian che shang le
落し物センターはどこですか？	遺失物服務中心在哪裡？	Yi shi wu fu wu zhong xin zai na li?
日本台湾交流協会に行きたいです	我想去日本台灣交流協會	Wo xiang qu ri ben tai wan jiao liu xie hui
見つかったら電話してください	如果找到，請給我打電話	Ru guo wo zhao dao , Qing gei wo da dian hua
これが私の電話番号です	這是我的電話號	Zhe shi wo de dian hua hao

幹線道路の中央分離帯に、急に靴の片方が落ちている。

■物を盗まれたときの言葉

日本語	中文	ピンイン
泥棒！	小偷！	Xiao tou!
あの人を捕まえて！	把那個人抓起來！	Ba na ge ren zhua qilai!
あっちに逃げて行きました	從哪裡逃走了	Cong na li tao zou le
強盗にあいました	我被搶劫了	Wo bei qiang jie le
財布を盗られました	我的錢包被偷了	Wo de qian bao bei tou le
カバンを盗られました	我的皮包被拿走了	Wo de pi bao bei na zou le
携帯電話を盗られました	我的手機被偷了	Wo de shou ji bei tou le
彼が私のものを盗みました	他偷了我的東西	Ta tou le wo de dong xi
盗難証明書をください	我要被盜證明書	Wo yao bei dao zheng ming shu

■トラブルが起きたときの言葉

日本語	中文	ピンイン
やめてください	快住	Kuai zhu shou
要りません	不要	Bu yao
ドアが開きません	手門打不開	Men da bu kai
トイレはどこですか？	洗手間在哪裡？	Xi shou jian zai na li?
トイレットペーパーがありません	沒有衛生紙	Mei you wei sheng zhi
これは注文していません	這不是我點的	Zhe bu shi wo dian de
注文した料理がまだきていません	我點的菜還沒來	Wo dian de cai hai mei lai
そこは私の席です	這個是我的位置	Zhe ge shi wo de wei zhi
迷子になりました	我迷路了	Wo mi lu le
日本語が話せる人はいますか？	有沒有會日文的人？	You mei you hui ri wen de ren?

困ったときの言葉

台湾あるある　台湾人の笑顔はくったくがなくてホッとする。

おわりに

　本書の企画を思いたち、取材や原稿執筆を始めたのが約二年前。当初は「大好きな台湾だし、集中すれば数ヶ月でできるだろう」と軽く考えていましたが、たびたび壁にぶつかり、気付けばアッという間に時間が過ぎていました。百六十ページという、ページ数としてはさほど多くない本ですが、そこはやっぱり台湾。各地の意味が深過ぎて、まとめるのはかなり大変な作業でした。これを書いている現在、まだ完全な校了はしていませんが、終わったら早く台湾で休暇を取りたいと思っています。

　これまで僕は、自分が責任の大半を背負う本では取材交渉、原稿、写真、デザイン…できる限り自分でやらないと気が済まなかったのですが、本書ではそういう作り方をヤメて、多くの方に協力していただきました。

　特に写真は「綺麗なものを」と、台湾人の友だち、台湾人ブロガー、台湾各地の政府機関や観光局からお借りし、数多く転載させていただきました。本書の奥付（一番最後のページ）を見ていただければ、とんでもない数の提供があったことをわかっていただけると思います。さらにその交渉、翻訳、ファクトチェック、文字校正も台湾人、日本人の仕事仲間や友だちにほとんどボランティアのようなお願いをし、これもかなり助けていただきました。

　このことから、一応僕の名義になっているものの、自分の中では多くの方々と一緒に作ったような、皆さんの台湾へのアツい思いでできた本だと思っています。

　いつかご協力いただいた方々と、できれば読者の方も一緒に、"台北以外の台湾"を巡りながら、とにかく酒を飲み続ける…というような宴会ツアーができないかと思っています。この構想は割と本気です。

二〇一九年五月　松田義人

写真提供WEBサイト等一覧

宜蘭縣政府・宜蘭勁好玩　https://travel.yilan.tw/
yiwenhsu_0630　instagram:@yiwenhsu_0630
邱子銓　instagram:@vdfoty
曹德網　instagram:@louie0317
昭昱You　instagram:@johnny.yu.587
小世界。放大看　http://cutemin73610.pixnet.net/blog
澎湖捌貳趣背包客旅行記錄　https://www.facebook.com/penghu82G/
花兒的酒朵拉盒子　http://anny7142.pixnet.net/blog/post/349111300
不專業的美食部落客　http://g812223.pixnet.net/blog
Anny's 秘密花園　http://anny3805201314.pixnet.net/blog
熱氣流飛行傘俱樂部　https://www.facebook.com/paraglidingMiles/
行腳逐夢。天清　http://traveltosky01.pixnet.net/blog
台糖公司高雄區處　台糖公司高雄區處・橋頭糖廠吃喝玩樂趣　https://www.facebook.com/cctsr/
阿君的玩食天堂　http://z24518261.pixnet.net/blog　instagram: @ z24518261
jiajia_yi　instagram:@jiajia_yi
王碩賢　instagram:@michael.wang.7926
小周旅遊租車 in Taiwan　https://www.facebook.com/bearleo6887/
新社花海　https://www.facebook.com/xinsheflowersea/
武陵農場 Wuling Farm　https://www.facebook.com/WulingFarm0510/
老樹根魔法木工坊　https://www.facebook.com/mutouwoodtw/

非常感謝

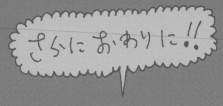

さらにおまけに!!

台北以外の インデックスマップ

　各スポットに初めて出向く際、例えばAとBとCが、どの位置にあり、どのように巡るのが効率的かが把握できない場合があります。それを解消するため、最後に本書で紹介した各スポットをインデックスとして、大雑把な位置関係がわかるマップにまとめました。是非参考にしてください。

　「いやいや、もっと詳細な地図も見たいよ！」という方のために、各マップにはQRコードも用意しています。このQRコードをお使いのスマートフォン等で読み込み、Google Mapにアクセスしていただければ詳細な地図、位置関係も表示できるようにしました。

　ただし、台湾特有の事情として、各スポットには正式な名称がいくつも存在したり、略されていたり、あるいは地元での呼称に対し、よく調べてみると、実はかなり格式ばった正式名称が存在することが多々あります。このことからGoogle Map、あるいは現地での各スポットの表記は、本書と微妙に異なるものもあります。また、本地図およびGoogleMapの位置情報と本文中の住所は若干異なる場合もあります。あくまで本文中の住所を基準として、マップは目安としてご使用ください。

■本地図およびGoogle Mapの位置情報は二〇一九年三月時点のものです。
■オンラインで地図をご利用の際には、通信各社の通信料がかかります。
■ご使用の端末のバージョンによってはQRコードからスムーズに地図が表示されない場合もございます。
■オンラインサービスは、予告なく内容を変更することや終了することがあります。
■本地図はOpen Database Licenseによるオープンストリートマップ（ⓒOpenStreetMap contributors）のデータを元に加工しています。

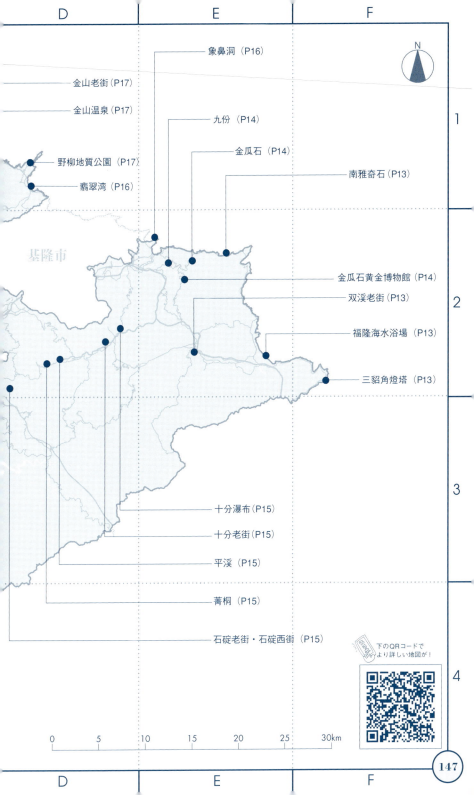

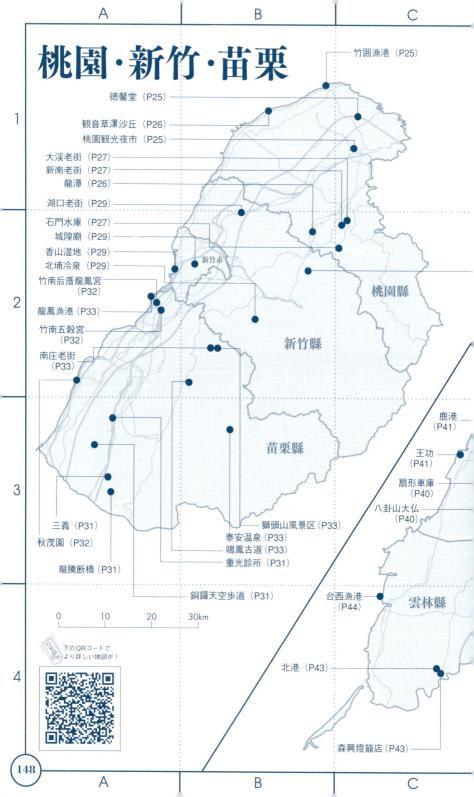

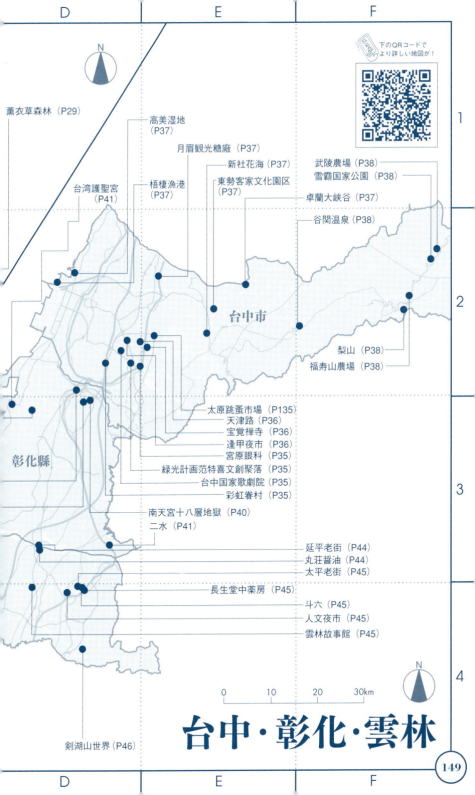

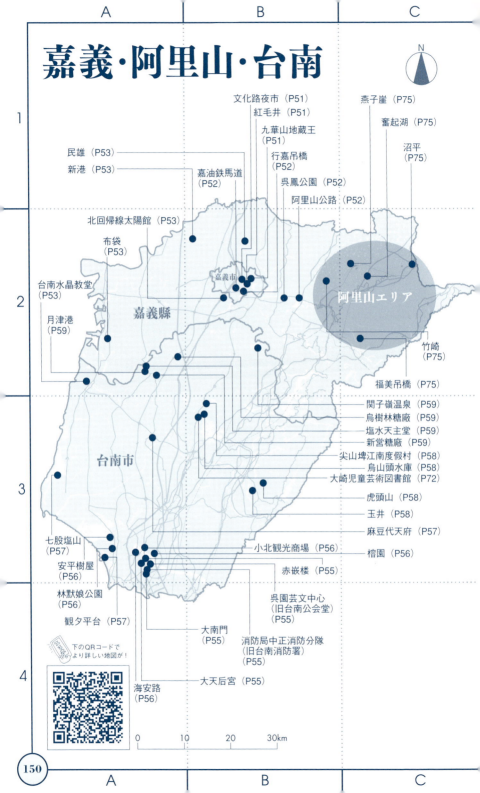

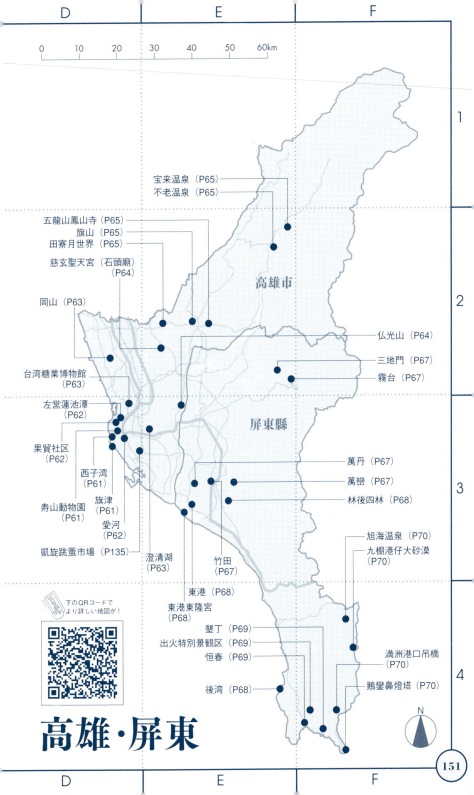

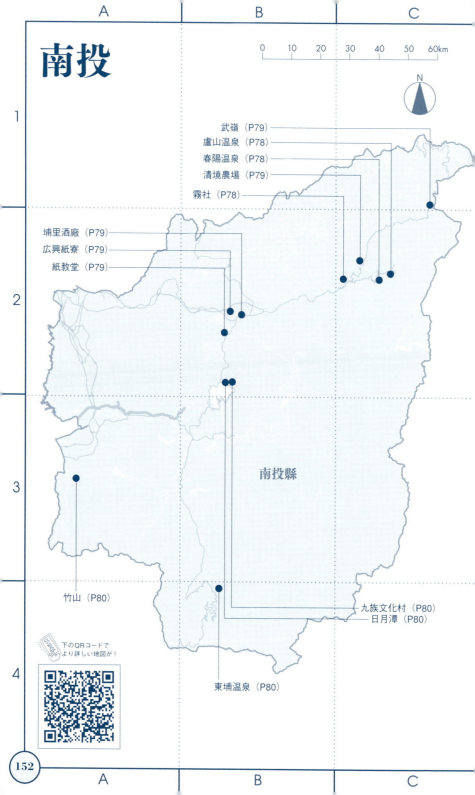

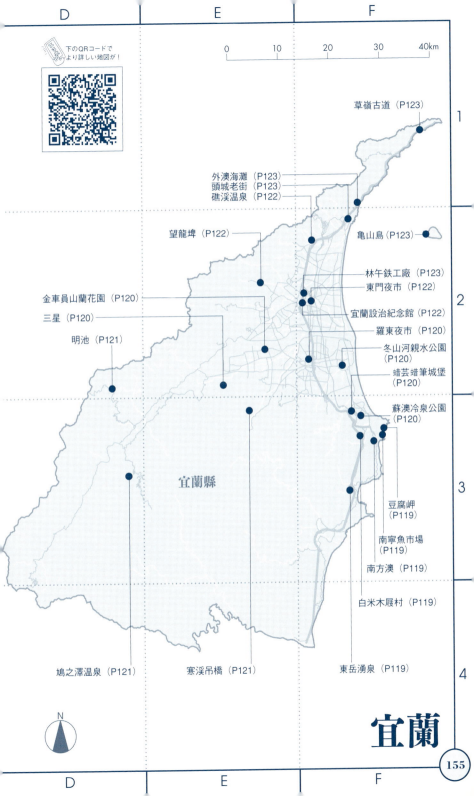

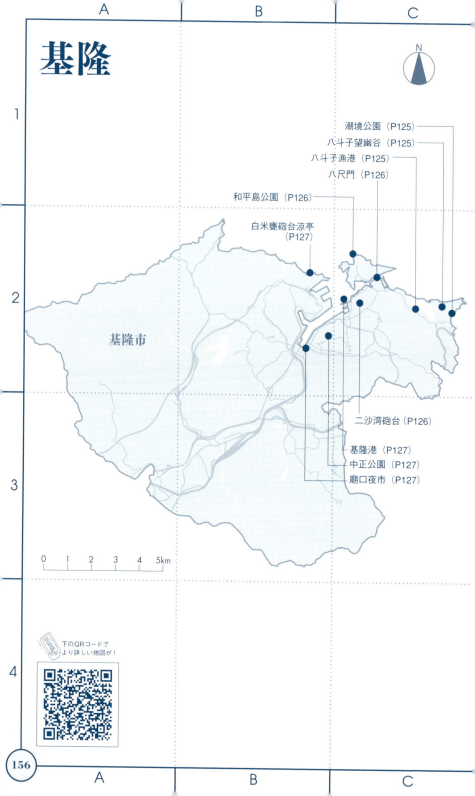

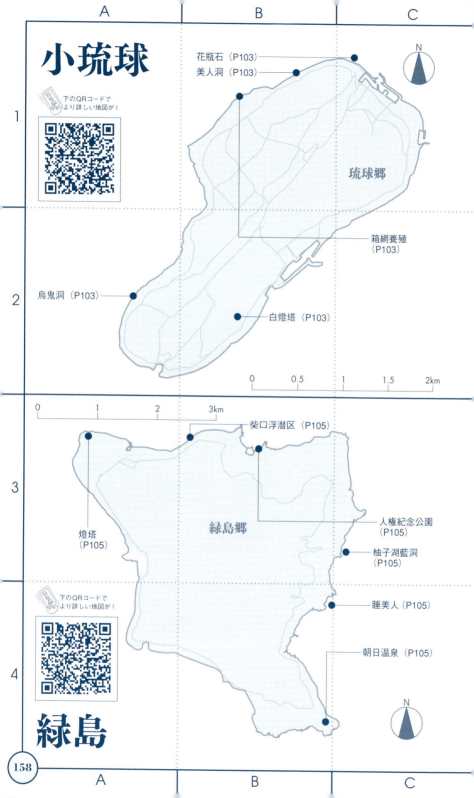

松田義人　Matsuda Yoshihito / Songtieng Yiren

一九七一年・東京生まれ。初めてのアジア旅行＝台湾。新婚旅行＝台湾。親孝行旅行＝台湾。毎年の家族旅行＝台湾。年に二度の長期休暇先＝台湾。とにかく台湾。初渡航から二十七年間で来台百回以上。著書に『台湾迷路案内』（オークラ出版）、『らくらく台湾一周旅行』（白夜書房）、共著に『日語旅遊會話：聽＆説自由自在』『日本人每天必説的24小時生活日語』（ともに台湾・笛藤出版）がある。現在は日本発行の『台湾新聞』（台湾新聞社）にて「てくてく台湾旅」を連載中。編集デザインプロダクション・deco代表。
http://deco-tokyo.com

1971年出生於東京。首次亞洲之旅＝台灣、蜜月旅行＝台灣、帶爸媽出國旅遊＝台灣、每年的家族旅遊＝台灣、一年2次的長假旅遊＝台灣、總之就愛往台灣跑。從第一次去台灣到現在，整整27年已經去過台灣超過100次。著有『台灣迷路案内』（オークラ出版）、『らくらく台灣一周旅行』（白夜書房）。共同著作有『日語旅遊會話：聽＆説自由自在』、『日本人每天必説的24小時生活日語』（皆為台灣・笛藤出版）。目前為『台灣新聞』（台灣新聞社・日本發行）「てくてく台灣旅」專欄作者。也是編輯設計工作室deco負責人。
http://deco-tokyo.com

馬祖、阿婆魚麵のおばあちゃんと。

台北以外の台湾ガイド

2019年6月15日　第1版第1刷発行

著者　松田義人
　　　　まつだ よしひと

執筆・編集・装丁・デザイン・写真・マップ作成・イラスト　松田義人（deco）
本体表紙題字　北港森興燈籠店
カバーイラスト協力　山口れい子
編集　小原央明（亜紀書房）
編集協力　小島平康（deco）、謝佳玲、井上泰実、Aikoberry、大崎藝農實踐所、阿部千恵子、西脇沙織、屏東縣政府、汪達也、汪娟娟、高橋友梨香（恩詔園精品）、dodo yu、hi.i.am.rabbit44
写真（P130〜136）　石上彰（gami写真事務所）

写真提供　曾文豪、wenxiang zeng、台灣花蓮觀光旅遊包車古小姐、洪儀庭、王碩賢、yiwenhsu_0630、賴巧凌、jiajia_yi、林裕理、徐一巧、邱子銓、曹德綱、昭昱You、蕭宏智、莊耀輝、曾理捷、羅謹雯、李宇綿、張麗卿、王泳嵐、蔡登科、余政哲、吳至昇、黃有助、黃文祥、黃習泉、黃郁清、黃俊瑋、徐世榮、陳芳宜、葉英晋、蕭綱侯、吳志學、張清專、涂淵銘、林樹泓、陳正祥、蕭綱侯、李水財、冠群攝影公司、賴岳忠工作室、銳志傳播、上允傳播、小世界。放大看、新社花海、行腳逐夢。天清、澎湖捌貳趣背包客旅行記憶、小周旅遊租車in Taiwan、武陵農場 Wuling Farm、花兒的潘朵拉盒子、不專業的美食部落客、Anny's秘密花園、熱氣流飛行傘俱樂部、老樹根魔法木工坊、阿君的玩食天堂、白金唱片、台糖公司高雄區處、台糖公司休閒遊事業部、羅賀馨、新北市政府觀光旅遊局、新北市政府水利局、謝技正、桃園市政府觀光旅遊局、雲林縣政府文化處、嘉義市政府觀光新聞處、洪年宏、台南市政府觀光旅遊局、宜蘭縣政府、花蓮縣政府、台灣觀光局

発行者　株式会社亜紀書房

　　　〒101-0051　東京都千代田区神田神保町1-32
　　　TEL:03-5280-0261（代表）／03-5280-0269（編集）
　　　http://www.akishobo.com/
　　　振替　00100-9-144037

印刷所　株式会社トライ

　　　http://www.try-sky.com

©Yoshihito MATSUDA 2019 Printed in Japan　ISBN978-4-7505-1580-9 C0026

本書に掲載された写真は、著者または上記写真提供者の著作権によるものです。
本書の内容の一部、あるいはすべてを無断で複写・複製・転載することを禁じます。
乱丁・落丁本はお取り替えいたします。